Gian-Antoine Lichtenstein

Sicherheitsdienst

Abgrund der Arbeitswelt...?

-Satire-

1. Auflage © 2024 Gian-Antoine Lichtenstein

Email: IhrKönntMichAlleMal.de

Herstellung und Verlag:

BoD – Books on Demand, Norderstedt.

ISBN: 9783759752222

Geschrieben für alle Sicherheitsmitarbeiter
dieser Welt und die, die es noch werden
wollen...

PS: Tut es euch nicht an!

Gian-Antoine Lichtenstein

Der Verfasser dieser Erfahrungsberichte

ist seit mehr als 16 Jahren in der Sicherheitsbranche
tätig und hat in dieser Zeit ein breites Spektrum
an Erfahrungen gesammelt. Angefangen als
Auszubildender, hat er sich durch verschiedene
Positionen und Objekte navigiert und dabei die
Branche in all ihren Facetten kennengelernt. Seine
Erlebnisse reichen von den bescheidenen Anfängen
in der Berufsschule bis hin zu verantwortungsvollen
Aufgaben in hochsensiblen Bereichen.

In seiner Laufbahn hat er an den unterschiedlichsten
Objekten gearbeitet, darunter erstklassige
Fußballstadien, renommierte Anwaltskanzleien,
internationale Automobilzulieferer und
weltmarktführende Mineralölhandelsunternehmen.

Er hat sowohl den tristen Alltag eines "Dormans"
vor einem Schickimicki-Klamottengeschäft erlebt
als auch die skurrilen Zwischenfälle während der
Mitarbeiterevents eines großen Telekommunikationsunternehmens.

Besonders eindrucksvoll sind seine Schilderungen
von Kollegen und Vorgesetzten, die von naiven
Frischlingen über ambitionierte Streber bis hin zu
selbstverliebten Objektleitern reichen. Mit einem
scharfen Blick für Details und einer klaren,
ungeschönten Sprache teilt er seine Geschichten,
die gleichermaßen unterhaltsam und lehrreich sind.

Durch seine Berichte möchte er anderen einen realistischen Überblick über die Branche geben und gleichzeitig diejenigen warnen, die sich unbedarft in diese Berufswelt begeben wollen.

Sein Ziel ist es, die verborgenen Mechanismen und oft unglamourösen Realitäten des Sicherheitsgewerbes offenzulegen, um zukünftigen Fachkräften einen ehrlichen Einblick zu gewähren.

Seine Erfahrungen und Einsichten machen deutlich, dass die Sicherheitsbranche zwar eine Zuflucht für viele sein kann, aber auch ihre eigenen Herausforderungen und Tücken birgt.

„Mit einer Mischung aus Humor und Ernsthaftigkeit bietet er einen einzigartigen und wertvollen Beitrag zur Diskussion über die Arbeitsbedingungen und die gesellschaftliche Rolle von Sicherheitsmitarbeitern."

Inhaltsverzeichnis

Vorwort

Alles, was hier geschrieben steht,
spiegelt lediglich meine eigenen persönlichen
Erfahrungen und Ansichten wider, die sich
innerhalb der letzten 16 Jahre meiner Dienstzeit
angesammelt haben und heute zu meiner
kaputten Psyche beigetragen haben.

Meine Psychologin hat mir geraten, dies als
Teil der Behandlung meiner "Posttraumatischen
Belastungsstörung" zu versuchen, um
möglicherweise ein Stück weit mit all den
zutiefst traumatisierenden Erlebnissen, die ich
in der Sicherheitsbranche durchmachen musste,
endgültig abschließen zu können.

Zum Schutz meiner Familie und Angehörigen
verzichte ich in diesem Buch darauf, meinen
richtigen Namen zu nennen.

Es wäre unverzeihlich von mir, wenn all
Die Menschen, die mir etwas bedeuten,
dadurch in unmittelbarer Verbindung zu
einem Sicherheitsmitarbeiter gebracht
würden. Die daraus sicherlich resultierende
gesellschaftliche Ächtung möchte ich keinem
von ihnen, nicht einmal meinem schlimmsten
Feind, auferlegen.

Diese Entscheidung sollte aufgrund
der offensichtlichen Gegebenheiten für
jedermann völlig nachvollziehbar sein.

Vielen Dank für Ihr Verständnis!

Einleitung

Gestatten, mein Name ist Antoine und ich bin ein **Sicherheitsmitarbeiter** – jedoch nicht irgendeiner, sondern eine waschechte

"Fachkraft für Schutz und Sicherheit"!

Was das bedeutet…?

Nun, das bedeutet, dass ich mich im zarten Alter von 18 Jahren naiverweise dazu entschieden hatte, dass es sicherlich keine schlechte Idee wäre, eine dreijährige staatlich anerkannte Ausbildung bei einer der wohl größten Sicherheitsfirmen der Welt anzutreten.

- **NICHTS HÖREN**
- **NICHTS SEHEN**
- **NICHTS MACHEN**

Wie sich jedoch leider erst im Nachhinein herausstellen sollte, war dies ein fataler Irrtum von mir.

Dies ist meine Geschichte…

Meine Geschichte

Wie kam ich **Idiot** überhaupt darauf,
Sicherheitsmitarbeiter werden zu wollen?

Wie so oft im Leben war es sicherlich nicht
meine Absicht, bereits in so jungen Jahren mein
Leben derart gegen die Wand zu fahren und den
Entschluss zu fassen, eine dreijährige Ausbildung
in einem absolut desaströsen Berufszweig zu
absolvieren, der gesellschaftlich ganz unten am
Abgrund angesiedelt ist.

Ja, man könnte sogar behaupten, dass ich
durch eine Verkettung von Ereignissen und
Täuschungen vielmehr dorthin hineingezogen
wurde!

Als sich damals, ein paar Monate vor
Dem Ende meines Jahrespraktikums
(in einer völlig anderen Branche), immer
mehr herauskristallisierte, dass die dortige
Personalchefin mir den versprochenen
Ausbildungsplatz letztendlich doch nicht
geben würde, war ich plötzlich gezwungen,
mir schnellstmöglich eine Alternative zu
überlegen.

Ein paar Tage später blieb ich, wie ich es zuvor häufiger schon gemacht hatte, auch noch einige Zeit nach meinem Feierabend am Nachmittag an meinem Arbeitsplatz.

Auch wenn mir zu diesem Zeitpunkt bereits klar war, dass ich den Job am Ende doch nicht bekommen würde, bereitete mir die Arbeit dort dennoch viel Spaß. Zudem konnte ich so der netten älteren Kollegin aus der Nachtschicht "noch etwas unter die Arme greifen", die ansonsten alles alleine hätte machen müssen.

An besagtem Abend tauchten plötzlich zwei mir unbekannte Herren, schätzungsweise Ende 30, Anfang 40, bei uns im Betrieb auf, die sich jedoch schnell als langjährige Bekannte meiner Kollegin herausstellten. Da die beiden, wie sie sagten, selbst Nachtschicht hatten, aber nur auf Bereitschaft agierten, dachten sie, sie könnten ihr doch etwas Gesellschaft leisten.

Meine Kollegin erzählte den beiden schließlich von meiner Situation und dass ich dringend auf der Suche nach einem Ausbildungsplatz wäre.
Rückblickend betrachtet, war dieser entscheidende Zeitpunkt wohl der Anfang vom Ende!

Wie sich herausstellte, waren die beiden langjährige sogenannte "Sicherheits-mitarbeiter", die wohl lediglich einen jungen, naiven 18-jährigen Tölpel vor sich sahen, vor dem sie sich auf ihren Job bezogen ausgiebig profilieren konnten.

Und das Schlimmste daran war, ich habe ihnen die Show auch noch tatsächlich abgekauft!

Nachdem sie mich spielerisch überzeugen konnten, ebenfalls solch ein krasser **"Security-Typ"** wie sie selbst zu werden, notierte ich mir schließlich noch das Sicherheitsunternehmen, für das sie tätig waren, und beschloss, mich gleich, sobald ich zuhause angekommen war, an den Rechner zu setzen, um mehr über all die neu erhaltenen Informationen zu erfahren.

Für die jüngeren Leser unter uns: nicht wundern, zu der Zeit waren Smartphones und mobiles Internet noch eine absolute Rarität.

Ja, ich werde (bin) alt... ;)

Endlich zuhause vor dem PC angekommen, schaute ich mir zunächst direkt einmal die

Webseite der zuvor notierten Sicherheitsfirma an, die bereits damals, wie ich mich noch recht gut erinnern kann, übermäßig imposant und selbstsicher auftrat.

Erst deutlich später habe ich begriffen, dass dies bei **"sektenähnlichen Strukturen"** durchaus keine Seltenheit ist und erste alarmierende Anzeichen darstellen!

Nach einiger Zeit der weiteren Recherche über das Unternehmen hinaus stieß ich plötzlich auf die Ausbildungsbezeichnung **"Fachkraft für Schutz und Sicherheit"** und dachte mir, warum eigentlich nicht?

Gesagt, getan, das Ende der Geschicht?

Mitnichten, die Saga fängt doch gerade erst an!
;)

Vorstellungsgespräch

Kurze Zeit nachdem ich artig mein Bewerbungsschreiben für die Ausbildung zur Fachkraft für Schutz und Sicherheit versandt hatte, erhielt ich bereits ein Antwortschreiben des Betriebes. Sie wollten mich gerne persönlich bei einem Vorstellungsgespräch kennenlernen.

Meine Familie redete derweil auf mich ein und versuchte, mir das Ganze auszureden. Zu dem damaligen Zeitpunkt dachte ich jedoch, sie wüssten es einfach nicht besser, und meinte stets zu ihnen:

"Ach Quatsch, das ist doch eine richtige dreijährige Ausbildung. Heutzutage ist das alles ganz anders. Außerdem ist das wahrscheinlich eine der größten Sicherheitsfirmen der Welt!"

Wenn sie beispielsweise solche Aussagen tätigten wie:

"Das wirst du noch bitter bereuen. Wie kommst du denn ausgerechnet darauf und wie stellst du dir das überhaupt vor? Da wirst du doch nur ständig für wenig Geld irgendwo blöd rumsitzen bzw. rumstehen und idiotische Tätigkeiten ausführen.

*Da kannst du ja auch gleich Hausmeister
werden, da hast du mehr davon!*

*Denk daran, nachts und am Wochenende,
inklusive der Feiertage, müssen die in der
Branche ebenfalls arbeiten. Das ist im
Dienstleistungsbereich nun einmal so."*

Heutzutage, nach über 16 Jahren, kann ich nur
gesenkten Hauptes zugeben, dass sie mit so gut
wie allem recht behalten haben, aber dazu
später mehr…

Meine grundsätzliche Freude und
Erwartungshaltung hielten sich folglich in
Grenzen, als ich mich am Tag der Einladung
mit den öffentlichen Verkehrsmitteln auf den
Weg zum Betrieb machte.

Als 18-jähriger Großstadtjunge
mit einer stark ausgeprägten Leidenschaft
für Hip-Hop war mein Outfit an dem Tag
sicherlich alles andere als gesellschaftlich
konform und zudem noch etwas übertrieben,
aber immerhin fühlte ich mich darin zumindest
wohl. Schließlich, am Haupteingang des auf
mich

doch recht unscheinbar wirkenden Gebäudes angekommen, bemerkte ich bis auf ein paar wenige Dienstfahrzeuge und eine simple Kamera, die auf den Eingang gerichtet war, keinerlei Anzeichen dafür, dass dort ein Weltunternehmen ansässig sein sollte.

Nachdem ich hineingelassen wurde, lernte ich zuerst **Miss Moneypenny** kennen, die Chefsekretärin des damaligen Bereichsleiters und späteren Regionalleiters (mein Ausbilder). Sie war wirklich eine unglaublich herzliche, charmante, kleine, attraktive Frau reiferen Alters.

Nachdem ich ungefähr 15-20 Minuten in einem kleinen Wartebereich für Gäste warten musste, wurde ich schließlich zum Büro des Chefs geführt und das eigentliche Vorstellungs-gespräch begann. Im Vergleich zum Rest des Gebäudes wirkte das Chefbüro wie eine eigene kleine Welt für sich: imposante, luxuriöse Einrichtung mit allerlei Deko und Schnickschnack. Der Chef selbst wirkte in diesem Raum jedoch völlig deplatziert: ein kahlköpfiger, etwas größerer Mann, dessen beste Zeiten bereits ein Stück weit hinter ihm lagen, **und eine Körperhaltung, als hätte man ihm einen langen Besenstiel eingeführt.**

Ein Mensch, der sich selbst in seiner Rolle viel zu ernst nahm – das war gleich mein erster Gedanke, und ich sollte damit noch Recht behalten!

Nachdem er mir zunächst einige private Fragen gestellt und erklärt hatte, wie toll doch die Firma sei und was sie mir alles bieten könnten, sagte er:

"Bei uns werden Sie in allen erdenklichen Bereichen mit den besten Teams und der modernsten Ausrüstung zusammenarbeiten. Seien Sie sich jedoch darüber im Klaren, wie hoch gleichzeitig Ihre Verantwortung ist. Wir schützen hier Werte in mehrfacher Millionenhöhe!"

Dann fragte er mich:
"Und wollen Sie den Ausbildungsplatz nun haben oder nicht?"

In dem Moment ging mir nur ein einziger Gedanke durch den Kopf:

"Alter, andere brauchen teilweise ewig, um eine Ausbildungsstelle zu bekommen, und hier wird sie dir gerade förmlich auf einem Silbertablett serviert.

Akzeptiere das Angebot einfach."

Und so nahm ich die Ausbildungsstelle schließlich an... **ein Vertrag mit dem Teufel!**

Im Anschluss daran wurde ich gemeinsam mit einem noch recht jungen Mitarbeiter in die Kleiderkammer geschickt, wo ich von ihm meine Erstausstattung an Dienstkleidung erhalten sollte. Natürlich alles schnellstmöglich, sodass ich am Ende das meiste davon in einer völlig falschen Größe erhielt und manches überhaupt nicht.

Alles Weitere an Informationen würde ich bald mit der Post erhalten, unter anderem meinen Termin für **die Unterrichtung nach § 34a GewO,** die ich zuerst noch machen musste, um die Ausbildung letztendlich auch tatsächlich antreten zu dürfen.

Unterrichtung nach § 34a GewO

Qualifizierung ohne Prüfung?

Voraussetzungen:

Die Unterrichtung ist gesetzlich geregelt und wird ausschließlich durch die jeweilig zuständige IHK durchgeführt!

- *Mindestalter 18 Jahre*
- *Deutsch B2 in Wort und Schrift*
- *Einwandfreies Führungszeugnis*

Die 34a-Unterrichtung gemäß § 34a der Gewerbeordnung (GewO) ist ein grundlegender Bestandteil der Qualifizierung für das Bewachungsgewerbe in Deutschland. In der Praxis zeigt sich jedoch, dass dieses System erhebliche Schwächen aufweist, die eine kritische Betrachtung notwendig machen.

Niedrige Eintrittsbarriere!
Die Anforderungen für das Bestehen der 34a-Unterrichtung sind vergleichsweise niedrig. Praktisch jeder, der nicht vollständig geistig behindert ist, kann das Zertifikat ohne große Mühe erlangen. Laut einem Bericht der Deutschen Hochschule der Polizei bestehen mehr als 90% der Teilnehmer die Prüfung

beim ersten Versuch, was die geringe Schwierigkeit der Prüfung verdeutlicht.

Diese niedrige Hürde führt dazu, dass Personen mit unzureichenden fachlichen und persönlichen Qualifikationen im Bewachungsgewerbe tätig werden können. Studien und Erfahrungsberichte aus der Branche zeigen, dass dies die Effektivität und die Sicherheit der durchgeführten Dienste erheblich beeinträchtigt.

Qualitätsmängel bei den Teilnehmern!
Durch die geringe Hürde erhalten viele Menschen, die nicht die notwendigen Kompetenzen und Einstellungen für sicherheitsrelevante Tätigkeiten mitbringen, Zugang zu sensiblen Positionen.

Es besteht die Gefahr, dass unqualifizierte Sicherheitskräfte in kritischen Situationen nicht angemessen reagieren können, was die Sicherheit von Personen und Eigentum gefährdet. Ein Beispiel hierfür ist der Vorfall bei einem großen Musikfestival im Jahr 2019, bei dem ungeschulte Sicherheitskräfte nicht in der Lage waren, eine Paniksituation zu bewältigen, was zu mehreren Verletzungen führte.

Gefährdung der öffentlichen Sicherheit!
Die mangelnde Qualifikation der
Sicherheitskräfte kann zu erheblichen
Sicherheitsrisiken führen. Beispielsweise
Gab es in der Vergangenheit mehrere Vorfälle,
bei denen unzureichend geschultes Personal in
Konfliktsituationen falsch reagiert hat. Solche
Vorfälle verdeutlichen die Notwendigkeit
strengerer Ausbildungsstandards.

Im Jahr 2020 kam es in einem Einkaufszentrum
zu einem schwerwiegenden Zwischenfall, bei
dem ein Sicherheitsmitarbeiter aufgrund
mangelnder Schulung eine Eskalation nicht
verhindern konnte, was zu erheblichen
Sachschäden und Verletzungen führte.

**Niedrige Bezahlung und schlechte
Arbeitsbedingungen!**
Trotz der hohen Verantwortung sind
Die Löhne im Sicherheitsgewerbe oft sehr
niedrig. Laut einer Studie des Bundesverbandes
der Sicherheitswirtschaft (BDSW) liegt der
durchschnittliche Stundenlohn in der Branche
bei etwa 11 Euro, was kaum über dem
gesetzlichen Mindestlohn liegt. Dies führt
zu geringer Motivation und hoher Fluktuation
unter den Sicherheitskräften.

Niedrig bezahlte Jobs ziehen oft Menschen an, die keine anderen Beschäftigungsmöglichkeiten haben, was das Problem der mangelnden Qualifikation weiter verschärft. Eine Verbesserung der Arbeitsbedingungen und eine angemessene Bezahlung könnten helfen, qualifiziertes Personal langfristig zu binden.

Imageproblem der Branche!
Die beschriebenen Zustände tragen dazu bei, dass die gesamte Branche ein schlechtes Image hat. Sicherheitskräfte werden oft nicht als Fachkräfte wahrgenommen, sondern als schlecht bezahlte Arbeitskräfte mit geringer Qualifikation. Dies erschwert es der Branche, qualifiziertes Personal zu rekrutieren und die nötige Anerkennung zu gewinnen.

Eine Umfrage unter Unternehmen, die Sicherheitsdienste in Anspruch nehmen, ergab, dass 65% der Befragten die Qualität der Dienstleistungen als unzureichend empfanden, was das Imageproblem der Branche verdeutlicht.

Mangelnde Weiterentwicklungsmöglichkeiten!
Die geringe Bezahlung und die oft schlechten Arbeitsbedingungen bieten wenig Anreiz für persönliches Wachstum und Weiterbildung in der Branche. Dadurch wird ein Teufelskreis

erzeugt, in dem die Qualität der Dienstleistungen niedrig bleibt.
Um diesen Kreislauf zu durchbrechen, müssen gezielte Maßnahmen zur Förderung der Weiterbildung und Karriereentwicklung ergriffen werden. Programme zur beruflichen Weiterbildung und Zertifizierungen, die über die grundlegende 34a-Unterrichtung hinausgehen, könnten dazu beitragen, die Qualifikationen und die Motivation der Sicherheitskräfte zu verbessern.

Lösungsansätze:

Die 34a-Unterrichtung in ihrer aktuellen Form scheint nicht ausreichend zu sein, um die notwendigen Qualifikationen und die Ernsthaftigkeit der Aufgaben im Bewachungsgewerbe zu vermitteln. Es bedarf dringend einer Reform, um die Ausbildung und Prüfung strenger zu gestalten und somit sicherzustellen, dass nur qualifiziertes und motiviertes Personal die verantwortungsvollen Aufgaben im Sicherheitssektor übernehmen kann.

Konkrete Vorschläge zur Verbesserung:

1. Erhöhung der Prüfungsstandards:

Die Prüfungen sollten schwieriger gestaltet werden, um sicherzustellen, dass nur wirklich qualifizierte Personen das Zertifikat erhalten. Dies könnte durch eine stärkere Gewichtung praktischer Prüfungsanteile und komplexerer theoretischer Fragen erreicht werden.

2. Verlängerung der Ausbildungszeit:
Eine längere Ausbildungszeit würde den Teilnehmern mehr Zeit geben, die notwendigen Fähigkeiten und Kenntnisse zu erwerben. Die Ausbildung könnte beispielsweise von derzeit 40 Stunden auf mindestens 80 Stunden erweitert werden.

3. Einführung regelmäßiger Fortbildungen:
Um sicherzustellen, dass Sicherheitskräfte stets auf dem neuesten Stand sind, sollten regelmäßige Fortbildungen verpflichtend eingeführt werden. Diese könnten alle zwei Jahre stattfinden und sowohl theoretische als auch praktische Inhalte umfassen.

4. Verbesserung der Bezahlung und Arbeitsbedingungen: Durch höhere Löhne und bessere Arbeitsbedingungen könnte die Attraktivität der Branche gesteigert und qualifiziertes Personal langfristig gebunden werden. Hier könnten staatliche Förderprogramme oder brancheninterne Tarifverhandlungen eine Rolle spielen.

5. Strengere Überwachung der Bildungsträger: Bildungsträger, die die 34a-Unterrichtung anbieten, sollten regelmäßigen Kontrollen unterzogen werden, um die Qualität der Ausbildung sicherzustellen. Unabhängige Prüfungen und Audits könnten dazu beitragen, die Einhaltung hoher Standards zu gewährleisten.

6. Einführung eines Stufenmodells der Qualifikation: Statt einer einmaligen Prüfung könnte ein stufenweises Qualifikationsmodell eingeführt werden. Dies würde es ermöglichen, dass Sicherheitskräfte ihre Qualifikationen kontinuierlich erweitern und spezialisieren können. Ein solches Modell könnte auch den Anreiz für langfristiges Engagement und Weiterbildung in der Branche erhöhen.

7. Verpflichtende psychologische Eignungstests: Um sicherzustellen, dass Sicherheitskräfte nicht nur fachlich, sondern auch persönlich für ihre Aufgaben geeignet sind, könnten psychologische Eignungstests eingeführt werden. Diese Tests könnten dazu beitragen, ungeeignete Kandidaten frühzeitig auszusortieren und die Qualität des Personals zu erhöhen.

8. Förderung von Soft Skills: Neben fachlichen Kenntnissen sollten auch Soft Skills wie Kommunikationsfähigkeit, Konfliktmanagement und Deeskalationstechniken verstärkt in die Ausbildung integriert werden. Diese Fähigkeiten sind für den täglichen Umgang mit Menschen und das Management von Konfliktsituationen essenziell.

9. Zusammenarbeit mit der Polizei und anderen Sicherheitsbehörden:
Eine engere Zusammenarbeit zwischen privaten Sicherheitsdiensten und der Polizei sowie anderen Sicherheitsbehörden könnte die Qualität der Sicherheitsdienste erhöhen. Gemeinsame Schulungen und regelmäßiger Informationsaustausch könnten dazu beitragen, ein höheres Maß an Professionalität und Effektivität zu erreichen.

10. Schaffung eines transparenten Beschwerdesystems: Ein transparentes und leicht zugängliches Beschwerdesystem für Kunden und die Öffentlichkeit könnte dazu beitragen, Missstände schneller zu erkennen und zu beheben. Solche Systeme könnten auch zur Qualitätssicherung und zur Verbesserung des Images der Branche beitragen.

Durch diese umfassenden Maßnahmen könnte die Qualität der Sicherheitsdienstleistungen erheblich verbessert und das Vertrauen in die Branche wiederhergestellt werden.

Mein 1. Tag

An meinem vermeintlich ersten richtigen Arbeitstag sollte ich nicht, wie eigentlich von mir vermutet, zu meinem zugewiesenen Objekt fahren, sondern zunächst einmal für ein paar Tage in voller Dienstkleidung im Büro auftauchen. Begeistert war ich zwar nicht wirklich davon, aber nun gut, was muss, das muss.

Da ich erst einige Jahre später meinen Führerschein machen würde und die öffentlichen Verkehrsmittel in den meisten Fällen eine absolute Katastrophe darstellen – insbesondere bei weiteren Strecken – kam ich selbstverständlich, wie sollte es auch anders sein, gleich an meinem ersten Arbeitstag deutlich zu spät an.

Auch wenn ich keinen wirklichen Ärger bekommen hatte, war es nicht unbedingt der beste Start für mich gewesen. Nicht nur, dass ich völlig verschwitzt war, weil ich von der S-Bahn-Haltestelle noch hastig ein gutes Stück weit laufen musste, sondern auch, weil ich bereits kurz nach der ersten Vorstellung meiner drei direkten Vorgesetzten

(Supervisoren) von einem von ihnen darauf hingewiesen wurde, dass meine Dienstkleidung mir nicht vernünftig passen würde (welch Wunder) und ich mich doch augenblicklich auf der Toilette adrett machen sollte.

Ich suchte also die Toilette auf, richtete mein Diensthemd sowie die Krawatte und machte mich etwas frisch. Kurze Zeit später stand ich schon wieder im Großraumbüro meiner drei Chefs, wo der eine von ihnen zwar noch immer nicht vollends zufrieden mit meiner Erscheinung schien, aber immerhin so etwas wie "na geht doch" von sich gab.

- **Herr M** war ein ehemaliger Polizist mittleren Alters, der nach einem Unfall mit Folgeschäden als Führungskraft im Sicherheitsgewerbe gelandet war. In meinen Augen ein respektabler und ernstzunehmender Mann, mit dem man durchaus reden und stellenweise auch ein Stück weit diskutieren konnte. Die Sorte Mensch, der man aus Respekt nur äußerst ungern blöd kommen wollte.

- **Herr V** wiederum war ein ehemaliger Stasi-Mitarbeiter und bereits älterer Herr, der in den letzten Jahren vor seiner Rente stand. Dieser Mann war stellenweise wirklich ein ordentliches Stück weit angsteinflößend und hätte in meinen Augen auch problemlos **"John Wicks" Vater** sein können. Er war in der Tat niemand, mit dem man großartig reden oder diskutieren wollte.

- **Frau S**, als einzige Frau im Bunde, war zwar in erster Linie für alle in dem Bereich befindlichen Empfangskräfte verantwortlich, jedoch auch für mich als Auszubildenden. Sie war eine äußerst großgewachsene, taffe, selbstbewusste Frau mittleren Alters und stellte mit ihrer Sanftmut eine harmonisch sinnvolle Ergänzung zu den beiden Herren dar.

Ich möchte hier gleich vorweg äußern, dass ich mich mit der Erfahrung von heute durchaus nur positiv an die drei zurückerinnere, was aber wahrscheinlich auch daran liegt, dass mir insbesondere in den letzten paar Jahren eine äußerst hohe Dichte an ausgeprägter Inkompetenz sowie Lachhaftigkeit innerhalb verschiedenster Führungsebenen begegnet ist!

Zurück zur eigentlichen Geschichte...

Ich saß also nun mit allen dreien gemeinsam dort herum und schaute mal dem einen und dann dem anderen über die Schultern. Zu der Zeit war es noch nicht unüblich, dass innerhalb der Büroräumlichkeiten geraucht wurde, dementsprechend war natürlich auch die Luft im Raum. Da ich selbst ebenfalls bereits Raucher war, qualmte ich halt schließlich mit ihnen gemeinsam die Bude voll.

Der Job, den sie allesamt als Supervisoren ausübten, kam mir bei allem Respekt damals bereits recht trist vor. Größtenteils waren sie entweder genervt am Telefonieren oder hingen mit Kaffee und Kippe verkrampft vorm PC.

Gelegentlich führten sie dann noch ein Vorstellungs- bzw. Personalgespräch und in seltenen Fällen mussten sie gegebenenfalls auch einmal mit ihrem Dienstauto zu einem Objekt oder Kunden vor Ort fahren. Das war es dann allerdings im Großen und Ganzen auch schon gewesen.

Interessanterweise sind viele dieser Supervisoren auch heutzutage noch immer geringer qualifiziert als manche ihrer eigenen Angestellten, was ich in vielerlei Situationen doch etwas seltsam finde.

"Als Meister oder Fachkraft für Schutz und Sicherheit jemanden als Vorgesetzten vor sich zu haben, der selbst – wenn überhaupt – maximal die Qualifikation der 'Geprüften Schutz- und Sicherheitskraft' besitzt, ist doch schon etwas seltsam, findest du nicht?"

Für mich persönlich stellt eben genau das wieder eines dieser kleinen zahlreichen Beispiele dar, was innerhalb unserer Branche nicht ganz richtig läuft. Aber zurück zum eigentlichen Thema. Gegen Mittag meinten sie dann plötzlich zu mir, dass sie gleich alle für 1-2 Stunden weg müssten und ich doch in ihrer Abwesenheit bitte notieren sollte, "wer, für wen, wegen was" versucht hatte, sie telefonisch zu erreichen, was ich dann schließlich auch tat.

Deutlich mehr gibt es zu den paar Tagen im Büro allerdings nicht zu berichten. So langsam wird es aber auch an der Zeit für mein erstes richtiges Objekt.

Mein allererstes Objekt

Haupttätigkeit:
Werkschutz / Empfang /
Poststelle / Telefonzentrale
Gesamtgröße des Teams:
Ungefähr 80 Mitarbeiter
Damaliger Stundenlohn:
Ungefähr 8,32 € brutto

Mein erstes Objekt galt als das absolute
Vorzeigeobjekt des Bereichs, in dem ich als
Azubi eingestellt wurde, und war der
Hauptsitz eines der wahrscheinlich größten
Telekommunikationsunternehmen Europas.
Ganze 1,5 Stunden brauchte ich mit den
öffentlichen Verkehrsmitteln, um von meinem
Wohnort dorthin zu gelangen. Dienstbeginn
um 06:00 Uhr bedeutete, dass ich entsprechend
früh aufstehen musste, um pünktlich an meiner
Arbeitsstelle zu sein.

Endlich zum ersten Mal in der Sicherheitszentrale des Objekts angekommen, war
Ich doch beeindruckt von all den zahlreichen
Computern, Monitoren und Bildschirmen
sowie den zahlreichen leuchtenden Knöpfen.

Direkt neben der Sicherheitszentrale konnte man durch eine Zwischentür in den Aufenthaltsraum des Werkschutzes gelangen, wo mich einer der Kollegen hinführte und ich unerwartet den ersten der anderen Azubis kennenlernte.

Nennen wir ihn einfach "Private Paula".

Über ihn werde ich noch die ein oder andere glorreiche Geschichte zu berichten haben, aber auch andere Azubis werden ihren Platz in der Geschichte finden, keine Sorge.

Der Aufenthaltsraum selbst war größer als zunächst vermutet und mit allem Nötigen ausgestattet, was man so brauchte: Spinde, Kühlschrank, Mikrowelle, Spülmaschine, Kaffeemaschine, Wasserkocher usw.

Private Paula saß seelenruhig an einem der Tische und sagte zu mir, nachdem ich mich kurz vorgestellt hatte: "Na los, nimm dir einen Kaffee und mach es dir bequem." Er hatte bereits ein paar Tage vor mir an dem Objekt angefangen, dementsprechend folgte ich also zunächst gedankenlos seinem Beispiel.

Als sich jedoch nach einer halben Stunde an der grundsätzlichen Situation nichts veränderte, fragte ich ihn schließlich, wie das Ganze denn jetzt hier genau ablaufen würde. Er lachte daraufhin laut vor sich hin und meinte dann:

"Nichts, das war es schon, wir sitzen jetzt einfach nur blöd hier rum…"

Heutzutage muss ich selbst über mich lachen, dass ich diesen Umstand zu diesem Zeitpunkt als völlig unmöglich erachtet hatte. Dementsprechend ging ich durch die Verbindungstür zurück in die nebenan befindliche Sicherheitszentrale, um dort die zwei Kollegen aus dem sogenannten Leitstand zu fragen, ob ich nicht vielleicht irgendetwas Sinnvolles machen oder gar lernen sollte.

Der Leitstand bestand stets aus zwei Werkschützern, die für die jeweilige Schicht dafür (neben dem Objektleiter) verantwortlich waren, dass alles reibungslos vonstattenging, bekamen dafür jedoch lediglich einen einzigen Euro mehr die Stunde!

Doch erneut wurde ich nur ausgelacht und wieder zurück in den Pausenraum geschickt, wo ich so lange warten sollte, bis der Objektleiter schließlich eingetroffen sei.

Nach und nach lernte ich dadurch zumindest schon einmal die ersten dort richtig tätigen Kollegen (Werkschützer) neben den beiden Azubis kennen. Und was soll ich sagen, einer von ihnen war kaputter als der andere. Kaputt, aber herzlich!

Vorgesetzte und Kollegen

Der Objektleiter:

Der Objektleiter war völlig unerwartet in
seine Position geraten, nachdem der eigentliche
Objektleiter plötzlich von heute auf morgen
verstorben war. Er war zwar ein netter Kerl
Ende 30, Anfang 40, hatte jedoch, da er
ursprünglich ein ganz normaler Kollege war,
bis zu seinem Abgang ungefähr vier Jahre
später immer wieder Schwierigkeiten,
sich seiner neuen Position entsprechend
zu verhalten und durchzusetzen.

Der stellvertretende Objektleiter:

Der stellvertretende Objektleiter war ein
großer, unglaublich dünner, bereits etwas
älterer Mann, der sich fachlich auf einem sehr
hohen Wissensstand befand, insbesondere
was dieses eine Objekt betraf, da er dort bereits
von Anfang an tätig war. Allerdings war er ein
Alkoholiker und starker Raucher, was sowohl
unter uns als auch in der Führungsebene
bekannt war, aber stillschweigend geduldet
wurde.

Der Rumäne:

Der Rumäne war ein bereits älterer Kollege

aus dem Leitstand, der mich stets an einen unglaublich schlecht gelaunten **Mr. Bean** erinnerte. Er besaß eine starke Leidenschaft für Tauben und ein besonders hohes Maß an Ironie, Sarkasmus sowie schwarzem Humor. Ich habe den Typen wirklich stark gefeiert, er gehörte in meinen Augen jedoch leider zu der Kategorie "vergeudetes Talent", da er im Grunde viel zu klug war für solch eine Tätigkeit im Sicherheitsgewerbe.

Den einzigen wirklichen Gedanken, den er an uns Azubis verschwendete, war, wer von uns ihm heute seine vier belegten Brötchen aus der Kantine holte, die er dann stets um in etwa die gleiche Uhrzeit aß.

Der sogenannte "Katzenficker":
Der von den Kollegen so genannte "Katzenficker" war ein ehemaliger Schlachter (Metzger) und starker Alkoholiker/Raucher, der sehr regelmäßig alkoholisiert zur Arbeit erschien, was jedoch, wie beim stell-vertretenden Objektleiter, toleriert wurde.

Manchmal hatte er es jedoch so sehr übertrieben, dass wir ihn erst einmal für ein paar Stunden entweder im Aufenthaltsraum oder irgendwo im Kellerbereich ausnüchtern lassen mussten. Er war im Grunde ein herzlicher, aber auch gleichzeitig asozialer älterer Mann mit einem unerwarteten Talent zum Massieren, welches von dem ein oder anderen Kollegen gelegentlich dankend angenommen wurde.

Seinen außergewöhnlichen Spitznamen erhielt er, weil er einst erzählte, dass er vor Jahren eine Katze getötet, gehäutet und dann schlussendlich seinem Nachbarn als frischen Hasen verkauft hatte. Eine der wahrscheinlich witzigsten Erinnerungen an ihn war, als er noch recht gut angetrunken und völlig vor sich hin taumelnd am Haupteingang stehend die Ausweiskontrolle machen sollte und wir ihn von der Sicherheitszentrale aus mit der Kamera lauthals lachend beobachteten.

Der Dumme, schlaue Faule:
Der Dumme, schlaue Faule war ein Kollege aus dem Bereich des Werkschutzes, der in erster Linie durch seine tölpelhafte Art, seine Dummheit und seine ausgeprägte Faulheit auffiel. Gleichzeitig war er jedoch ein Genie, wenn es darum ging, sich vor der Arbeit zu drücken, welche Rechte ihm als Arbeitnehmer zustehen und wie man sich bei allen möglichen Ämtern irgendwelche Leistungen ergaunern

konnte. Er war die Art von Kollege, die zunächst bereitwillig alle möglichen Schichten annahm, nur um dann im denkbar ungünstigsten Zeitpunkt doch noch plötzlich krank zu machen. Er wurde später am selben Objekt vom Bereich des Werkschutzes in die Poststelle versetzt, die ebenfalls durch Mitarbeiter unserer Firma besetzt war, aber dazu später mehr.

Der Dieb:

Der Dieb war ein Kollege Mitte/Ende 30, der bei einer routinemäßigen Kontrolle unserer Taschen und Spinde (durch zwei unserer Supervisoren) rein zufälligerweise des Diebstahls überführt wurde und daraufhin unverzüglich entlassen wurde. Der Witz daran war, dass er den Inhalt fast aller im gewaltigen Gebäude an den Wänden befestigten Erste-Hilfe-Kästen zunächst vollständig geplündert und dann dummerweise in einem blauen Müllsack innerhalb seines Spindes versteckt hatte. Was für ein unglaublicher Pechvogel. Andererseits: **WTF, warum zur Hölle klaut man sowas überhaupt?**

Der Perversling:

Der Perversling, ein Kollege, der noch nicht allzu lange an dem Objekt tätig war, hielt es für eine äußerst glorreiche Idee, sich im absoluten

Hochsommer natürlich auch noch so auffällig wie möglich unter dem Treppenaufgang zum oberen Bereich der Kantine zu positionieren, um den Mitarbeiterinnen des Weltkonzerns, in dessen Auftrag unsere Firma tätig war, unter ihre Röcke schauen zu können. Dreimal darfst du raten, was aus ihm geworden ist. ;)

Der Philosoph:
Der Philosoph war einer meiner absoluten persönlichen Lieblinge an diesem Objekt. Ein unglaublich netter, zuvorkommender, großzügiger Türke, der von Montag bis Freitag von 6 bis 18 Uhr vollkommen abgeschirmt vom Tageslicht die Warenannahme im Keller besetzt hielt.

Abgesehen von der Vorweihnachtszeit hatte er auf die 12 Stunden verteilt betrachtet so gut wie nie etwas zu tun. Viele der Kollegen gingen ihn aufgrund der Tatsache, dass sich dort unten so gut wie nie irgendjemand – erst recht kein Chef – hinverirrte, gerne besuchen, auch um dort ein kleines Nickerchen zu halten.

Er war ein Philosoph wie aus dem Bilderbuch und wirkte nicht selten ein klein wenig sonderbar, wenn er sich ganz plötzlich hektisch irgendwelche geistreichen Gedankengänge

46

notierte. Nicht nur, dass er stets jede Menge
Leckereien dabei hatte, von denen man sich
bedienen durfte, nein, er war zudem auch
noch ein verdammt guter Zuhörer und Ratgeber.
Die meiste Zeit, wenn er alleine war, las er eines
der zahlreichen komplexen philosophischen
Werke, die er stets zu jeder einzelnen seiner
Schichten dabei hatte.

Der Mann mit der "Sugar-Mommy":

Der Mann mit der "Sugar-Mommy" war ein
ungefähr 40 Jahre alter, charismatischer,
selbstbewusster Kollege südlicher
Abstammung, dessen Frau ein eigenes,
gewinnbringendes Reinigungsunternehmen
besaß.

Er selbst befand sich dadurch in einer für
ihn sehr vorteilhaften Situation, da er
aufgrund dieses Umstands monatlich
lediglich maximal 80-100 Stunden auf der
Arbeit verbringen musste und dennoch stets
in einem dicken Audi A7 sowie feinster Kleidung
vorgefahren kam. Er gehörte zudem zu der Art
von Kerlen, die sich stets 10-15 Jahre jünger
verhielten, als sie es eigentlich bereits waren.
Zu mir war er ausnahmslos immer korrekt
gewesen.

Die Flirter:

Die Flirter waren zwei dauergeile Kollegen Anfang bis Mitte 30, die sich selbst als unglaublich krasse Aufreißer ansahen und dementsprechend keine Gelegenheit verstreichen ließen, möglichst der gesamten Frauenwelt klar und deutlich ihre Paarungsbereitschaft zu offerieren.

Blöd nur, wenn man das Ganze dann auch noch auf der Arbeit während der Dienstzeit versucht. Noch blöder, wenn man dies dann auch noch bei Mitarbeiterinnen eines gewaltigen Weltkonzerns probiert, die sich bereits innerhalb ganz anderer Sphären bewegten.

Keine Sorge, beide Kollegen sind dabei noch relativ glimpflich davongekommen. Nach zwei Wochen Suspendierung schienen sie plötzlich wie durch ein Wunder bekehrt worden zu sein und verhielten sich fortan ganz artig und brav, zumindest auf der Arbeit.

Der "Ich lasse den Chef nicht rein"-Kollege:

Der "Ich lasse den Chef nicht rein"-Kollege war ein Mitarbeiter, der vor meiner Zeit dort tätig war und den ich selbst nie kennengelernt habe. Allerdings haben mir damals so viele die

Geschichte davon berichtet, dass er eines Tages
den höchsten Chef dieses Weltkonzerns einfach
konsequent nicht in das Gebäude lassen wollte,
weil dieser seinen Ausweis in dem Moment
nicht dabei hatte und er ihn ungünstigerweise
auch nicht als obersten Chef erkannte, dass mit
Sicherheit etwas Wahres daran sein muss.

Der Unsichtbare:
Der Unsichtbare war ein selbstbewusster
Marokkaner, schätzungsweise Anfang 40,
der sich insbesondere dadurch kennzeichnete,
dass man ihn, obwohl er sich im Dienst befand,
abgesehen davon, wenn er gerade im Aufenthaltsraum etwas am Essen war, so gut wie
überhaupt nicht zu Gesicht bekam. Was
allerdings sicherlich nicht, wie man naiverweise fälschlich vermuten könnte, an seinem
einzigartigen Arbeitseifer lag, sondern vielmehr
daran, dass er sich den Spruch "aus den Augen,
aus dem Sinn" vielleicht doch etwas zu sehr zu
Herzen genommen hatte.

Ich meine, "hey, okay, schon gut...", wir besaßen
ja alle unsere persönlichen Lieblingsverstecke,
aber dieses Kerlchen hat das Versteckspiel auf
ein ganz neues Level gehoben!

Der Schlaue und der Coole:

Der Schlaue und der Coole waren zwei Werkschützer mittleren Alters, die größtenteils im Leitstand innerhalb der Sicherheitszentrale tätig waren. Durch ihre private Freundschaft harmonierten sie auf eine recht einzigartige und unterhaltsame Weise miteinander, wenn sie Dienst hatten. Beide waren äußerst selbstbewusst und konnten jeweils auf ihre ganz eigene Art tatsächlich etwas Sinnvolles leisten. Sie gehörten somit definitiv zu der rar gesäten Sorte an Sicherheitsmitarbeitern, denen man tatsächlich wichtige Aufgaben anvertrauen konnte.

Allerdings neigten beide dazu, den überlegenen Alpha raushängen zu lassen oder sich gegenseitig zu irgendwelchem Blödsinn hochzuschaukeln. Einmal haben sie sich sogar "rein spaßeshalber" innerhalb der Sicherheitszentrale so sehr gekebbelt, dass sie gemeinsam äußerst ungünstig stürzten und dadurch das gesamte System zum Abschmieren brachten! Die meiste Zeit haben sie sich jedoch glücklicherweise einfach nur gegenseitig oder die nebenan im Aufenthaltsraum sitzenden Kollegen mit Gummis und Papierschnipseln abgeschossen.

Der Pate:

Der Pate war ein kleiner, drahtiger, südländischer Werkschützer, schätzungsweise Ende 30 bis Anfang 40, der stets mit Goldschmuck überladen war und trotz seiner unscheinbaren körperlichen Statur eine unglaublich intensive sowie bedrohliche Ausstrahlung besaß. Er gehörte, neben seiner Vertretung für den Urlaubs- und Krankheitsfall, zu den wenigen Kollegen, die aufgrund ihres Dienstes in einem besonders empfindlichen Bereich des Objektes einen deutlich höheren Stundenlohn erhielten und daraus auch kein Geheimnis machten.

Er konnte ein wirklich unangenehmer, temperamentvoller Zeitgenosse werden, der insbesondere bei den etwas weniger selbstbewussten Kollegen auch nicht vor stumpfsinnigen Gewaltandrohungen zurückschreckte, wenn sie ihn nervten oder er schlecht gelaunt war.

Der an "Narkolepsie" Leidende:

Der an "Narkolepsie" leidende Kollege war ein sehr sympathischer, äußerst wohlgenährter Fachmann Ende 30, Anfang 40, den ich am ehesten mit Balu, dem gemütlichen Bären aus dem Dschungelbuch, assoziieren würde.

51

Er galt allgemein als leidenschaftlicher Eishockey-Fan und hatte sogar lange Zeit selbst aktiv gespielt. Solange man ihn nicht mutwillig reizte (sein Geduldsfaden war sehr robust), tat er keiner Fliege etwas zu Leide. Hatte man den Bogen jedoch einmal überspannt, entwickelte er sich schlagartig zu einem deutschen Leopard 2 Kampfpanzer auf zwei Beinen, und man sah besser so schnell wie möglich das Weite, zumindest wenn man an seinem Leben hing.

Sowohl als klassischer Werkschützer als auch auf Führungsebene zeigte er stets starke Qualitäten. Ein tatsächlicher hierarchischer Aufstieg blieb ihm jedoch aufgrund seiner krankheitsbedingten Müdigkeit, die ihn selbst mitten im Gespräch plötzlich einschlafen ließ, leider verwehrt.

Die Sanfte Seele:

Die sanfte Seele war ein äußerst gutmütiger, alteingesessener Werkschützer mit schlaksiger Statur, lichtem Haar, treudoofem Blick und teils ungewollt slapstickartiger Bewegungen, der jedoch über ein grundsolides Fachwissen verfügte, auf das er immer sehr stolz war.

Er war einer der wenigen, die tatsächlich versuchten, uns Azubis etwas wirklich Fachliches mit auf den Weg zu geben, unabhängig davon, ob wir es hören wollten oder nicht. In seinen erschreckend leeren Augen sah man jedoch das Paradebeispiel eines zutiefst gebrochenen Mannes Ende 40, Anfang 50, der früher einmal in besseren Zeiten als Fliesenleger gutes Geld verdient hatte, bis sein Rücken und seine Knie schließlich vollkommen ruiniert waren. Seitdem vergeudete er Monat für Monat 240 Stunden+ (für damals 8 Euro brutto) seine Lebenszeit im Sicherheitsgewerbe, nur um seinen Lebensstandard halbwegs halten zu können.

Humpelbeinchen:

Humpelbeinchen war ein alteingesessener, überaus freundlicher Werkschützer, der bereits in den letzten Jahren vor seiner Rente stand. Er gehörte zu den ersten Sicherheits- mitarbeitern, die überhaupt an diesem Objekt tätig waren und kannte sich dementsprechend natürlich überall bestens aus.

Seine Markenzeichen waren seine ausgeprägte Redefreudigkeit gepaart mit einer sehr feuchten Aussprache, seine Leidenschaft für alte Musik und ein auffälliger humpelnder Gang, der einen stets ungewollt an einen Piraten mit einem hölzernen Bein erinnerte.

Der "Das ist mein Platz"-Typ:

Der "Das ist mein Platz"-Typ war ein Kollege, der seit mehreren Jahren an diesem Objekt tätig war und dadurch bereits einige äußerst seltsame Angewohnheiten entwickelt hatte. Obwohl es innerhalb unseres ausreichend dimensionierten Aufenthaltsraumes mehr als genügend Stühle und Tische gab, bestand er nämlich als wirklich Einziger ausdrücklich darauf, explizit auf einem bestimmten Stuhl an einem bestimmten Tisch zu sitzen, wo sich dann für die gesamte Schicht auch niemand anderes mehr hinsetzen durfte!

Als wäre das nicht schon völlig bescheuert genug, reinigte er den Tisch zuvor stets wie die Inkarnation von Meister Proper höchstpersönlich und platzierte dann, umringt von ausgelegten grauen Papierhandtüchern, eine Tasse, einen kleinen Teller, Messer, Gabel und Löffel sowie die immer gleiche 350g-Dose eines günstigen schokoladigen Cappuccino-Pulvers, das niemals leer zu werden schien, obwohl er sich eine Tasse nach der anderen davon einverleibte.

Ich erinnere mich noch äußerst gut daran, als einmal ein Kollege, der nur kurzfristig zur Aushilfe bei uns war, fälschlicherweise annahm, dass diese Dose mit dem Cappuccino-Pulver für die Allgemeinheit da stand, und sich dementsprechend ganz selbstverständlich daran bediente, als der besagte Kollege sich kurzzeitig nicht im Raum befand. Das zusätzliche Fatale war dabei, dass er versehentlich einen kleinen Teil des altarartigen Konstrukts minimal berührte und verschob.

Das dadurch entstandene Ärgernis war so gewaltig, dass selbst die am nächsten Tag als Entschädigung erdachte neue Dose des gleichen Pulvers daran nichts mehr ändern konnte!

Der Sonnige Surferboy:
Der sonnige Surferboy war ein durch und durch entspannter, stets wohlgebräunter, charis-matischer Kollege Anfang 40, der stets so auftrat, als wäre er gerade erst frisch von den Malediven aus dem Flugzeug gestiegen. Gelassenheit schien jederzeit merklich das alleinige Aushängeschild seiner persönlichen Lebensphilosophie darzustellen, und man merkte ihm stets seinen ausgeprägten Drang nach Freiheit und Abenteuer an. Aufgrund seiner breit gefächerten Lebenserfahrung und seiner Prise Weisheit war er für mich immer ein äußerst unterhaltsamer und interessanter Gesprächspartner.

Die Frau mit der Zuckersucht:

Die Frau mit der Zuckersucht gehörte zu den wenigen Kolleginnen, die explizit darauf bestanden hatten, im Bereich des Werkschutzes tätig zu sein und nicht als Empfangsdame an den unterschiedlichen Eingangsbereichen. Von ihrem äußeren Erscheinungsbild her erinnerte sie mich persönlich immer irgendwie, nicht böse gemeint, an eine gut gelungene, authentische weibliche Vogelscheuche. Auch wenn sie auf keinen Fall unfreundlich oder dergleichen auftrat, hatte sie auf ihre ganz eigene, individuelle Art einen gewaltigen Sprung in der Schüssel.

Nicht nur, dass sie stets eine überdimensionierte XXL-Tasse von zu Hause dabei hatte, die auch problemlos einem Riesen hätte gerecht werden können, von der sie sich dann pro Schicht locker vier bis fünf volle Ladungen Früchtetee mit jeweils mindestens acht Stück Würfelzucker einverleibte, sondern auch weil sie trotz ihres Alters von weit über 40 stets das Gefühl ausstrahlte, jeden einzelnen ihrer Kollegen als potenziellen zukünftigen Sexualpartner im Blick zu haben.

Der mit dem "iPhone 3GS":

Der mit dem "iPhone 3GS" war ein stark übergewichtiger, sympathischer Kollege Mitte 40, der damals der erste unter uns war, der ein Smartphone mit mobilem Internet sein Eigen nannte und dadurch innerhalb äußerst kurzer Zeit völlig unbeabsichtigt für eine Welle an Nachahmern mitverantwortlich war.

Ein wirklich guter Kerl, der jedoch aufgrund seiner enormen Körpermasse jederzeit stark eingeschränkt war, was seine persönliche Leistung betraf, und die seltsame Angewohnheit besaß, seine bereits mit dicker Butter und Wurst belegten Brote fürs Frühstück zunächst kurz in die Mikrowelle zu tun, um sie dann anschließend noch mit einer dicken Lage Nutella zu bestreichen.

Positionen und Aufgaben
des Werkschutzes

Leitstand:

Der sogenannte Leitstand bestand pro Schicht stets aus zwei der fähigsten Mitarbeiter des gesamten Werkschutz-Teams und erhielt dafür einen Euro mehr pro Stunde (9,32 €) als ihre Kollegen. Hauptaufgabe des Leitstands war es, bis auf wenige Ausnahmen, die Sicherheitszentrale gemeinsam zu besetzen und alle anfallenden Aufgaben der jeweiligen Schicht so sinnvoll wie möglich zu koordinieren und an die Kollegen zu verteilen. Den Großteil ihres Dienstes verbrachten sie (neben dem Nichtstun) zumeist damit, apathisch auf die zahlreichen Monitore zu starren, Zeitung zu lesen, Telefonate zu führen oder Karten und Schlüssel auszugeben.

Aufschluss des jeweiligen Bauteils
Jeder normale Werkschutzmitarbeiter, der sich pro Schicht im Dienst befand, war neben allgemeinen Aufgaben allein für einen bestimmten Bereich des großen Gebäudes verantwortlich. Während des Frühdienstes ging man also zunächst gleich zu Beginn der Schicht (maximal eine Stunde) einmal vollständig den

zugeteilten Bauteil ab, um die massiven, über Nacht geschlossenen zweiflügeligen Brandschutztüren wieder in ihre dauerhaft offene Stellung zu fixieren und allgemein nach dem Rechten zu schauen.

Ersatzschlüssel auf zwei Beinen:

Nachdem man am Morgen seinen jeweiligen Bauteil geöffnet hatte, wartete man, solange es sonst nichts anderes zu tun gab, darauf, dass die Kollegen aus dem Leitstand einen auf dem Diensthandy anriefen und eine Aufgabe zuteilten. Die meisten Kollegen hingen in der Zeit dann am liebsten gemeinsam mit allen anderen im Aufenthaltsraum herum. Andere begaben sich lieber gleich zu einem ihrer persönlichen Lieblingsverstecke, um noch in Ruhe eine Runde zu schlafen. Tatsächlich hatten wir nur in äußerst seltenen Fällen wirklich etwas zu tun. Manchmal klingelte das Handy während der gesamten Schicht kein einziges Mal. Und wenn doch mal ein Anruf kam, dann in fast allen Fällen nur deshalb, weil ein Mitarbeiter, der seinen Schlüssel zuhause vergessen hatte, seine Bürotür geöffnet haben wollte.

Ausweiskontrolle Haupt- und Nebeneingang:

Zu den allgemeinen Aufgaben gehörte unter anderem die Kontrolle der Werksausweise aller Personen, die das Gebäude über den Haupt- bzw. Nebeneingang betreten wollten. Das bedeutete, dass sich (meist im stündlichen Wechsel) jemand von uns "halbwegs gepflegt" positionieren musste, um dann für eine Stunde so zu tun, als würde man professionell und gewissenhaft seiner Arbeit nachgehen.

Ausweiskontrolle Tiefgarage:

Neben der Ausweiskontrolle am Haupt- und Nebeneingang, die ab früh morgens bis spät nachmittags von uns besetzt werden musste, gab es noch etwas Vergleichbares bei den beiden unterirdischen Zufahrten der personalen Tiefgarage. Mit dem entscheidenden Unterschied, dass man sich dort, egal ob im Sommer oder Winter, aufgrund der permanenten Kälte ordentlich den Hintern abfrieren und gleichzeitig zahlreiche Abgase einatmen durfte.

Handwerkerbegleitung:

Immer dann, wenn Fremdfirmenmitarbeiter Renovierungs- oder Reparaturarbeiten am

Objekt auszuführen hatten, musste jemand von uns Werkschützern sie begleiten und so lange bei ihnen bleiben, bis ihre Arbeit für den jeweiligen Tag erledigt war. Die sogenannte Handwerkerbegleitung gehörte zu den Tätigkeiten, die ich insbesondere am Anfang meiner Ausbildung als recht unangenehm empfand. Ich kam mir dabei immer faul und nutzlos vor, wenn ich dort einfach nur sinnlos und gelangweilt herumsaß oder stand, während andere Menschen richtig arbeiteten. Zum Glück kamen diese Situationen nicht allzu oft vor.

Servicekraftbegleitung:

Sehr ähnlich wie bei der Handwerkerbegleitung erging es mir bei der Begleitung der Servicekräfte, wenn diese wieder innerhalb der Räumlichkeiten des Vorstandes eindecken oder reinigen mussten. Das alles nur, weil die hohen Herrschaften befürchteten, dass genau eine dieser zahlreichen unterbezahlten Servicekräfte ihnen elektronische Wanzen unterjubeln könnte. Dabei waren wir Werkschützer doch stets die finanziell am bemitleidenswertesten im Raum gewesen. Ein Widerspruch, der an Lächerlichkeit kaum zu überbieten war.

Mitarbeiterbegleitung:

Nach der Handwerker- und Servicekräfte-
begleitung sollte man meinen, dass das Ganze
nicht mehr zu toppen sei. Doch weit gefehlt!
An diesem Objekt gab es nämlich einen Kreis an
ausländischen Mitarbeitern, denen es nicht
gestattet war, sich alleine außerhalb ihres
eigenen kleinen zugeteilten Bauteils im Gebäude
zu bewegen oder aufzuhalten. Der eigentliche
Witz daran war, dass ihnen dennoch gestattet
wurde, in der Kantine zu essen, jedoch nur dann,
wenn ein Werkschützer sie in ihrem Bereich
abholte, in der Kantine während des Essens
begleitete und sie danach wieder vollständig zu
ihrem Bereich zurückbrachte. Es gibt doch kaum
etwas Schöneres, als einer Gruppe kleiner
Asiaten, die kein bisschen Deutsch sprachen,
genüsslich beim Speisen zuzuschauen.

Geh mal Parkplätze zählen!

Immer dann, wenn der Aufenthaltsraum von uns
Werkschützern mal wieder viel zu voll und die
Lautstärke dementsprechend alles andere als
leise war oder wenn jemand müde, gelangweilt
oder schlecht gelaunt war, bekam man meist
recht schnell vom Leitstand gesagt: "Na los, geh
mal die Parkplätze zählen." Gemeint war damit
die ehrenvolle Aufgabe, die mehreren auf dem

Werksgelände befindlichen Parkplätze
abzulaufen und zu zählen, wie viele freie
Parkplätze jeweils noch vorhanden waren.

Das Schrankensystem hatte zwar ein
automatisches elektronisches Zählwerk,
dessen Daten auch stetig an die Sicherheitszentrale übermittelt wurden, jedoch
funktionierte es nicht so zuverlässig, wie
es eigentlich sollte.

Falschparker bezetteln:

Eine weitere Tätigkeit unter der Kategorie
"absolut sinnlos" war es, innerhalb der
Tiefgarage sowie des generellen Werksgeländes all die bösen Falschparker mit
einem **"Strafzettel"** des Werkschutzes zu
bezetteln, der von uns zumeist hinter den
Frontscheiben-wischer des Fahrzeugs
geklemmt wurde, jedoch keinerlei tatsächliche
Konsequenzen **(außer vielleicht einem kurzen
Tadel)** für die betroffenen Mitarbeiter dieses
Weltkonzerns mit sich brachte.

Generell habe ich es selbst des Öfteren
live miterlebt, wie ein Betroffener mit
seinem höheren Chef wutentbrannt zu
uns in die Sicherheitszentrale gestürmt
kam, nur um sich darüber zu echauffieren,

wie wir es überhaupt wagen könnten, das heilige Auto seines Mitarbeiters zu berühren.

Es war keine Seltenheit, dass vermeintlich strenge Regelungen, solange sie keine Fremdfirmenmitarbeiter betrafen, an Relevanz verloren, wenn es um die eigenen Mitarbeiter ging!

Die Berufsschule für zukünftige "Fachkräfte" ;)

Nachdem wir uns bereits einige Zeit mit meinem ersten Objekt beschäftigt haben, möchte ich mich nun über die Berufsschule äußern, die wir im wöchentlichen Wechsel entweder einmal oder zweimal pro Woche aufsuchen sollten.

Eines gleich vorweg: Diese Schule war ursprünglich für Ausbildungsberufe wie Dachdecker, Elektroniker und Werkzeug-mechaniker gedacht! Von einer sogenannten **"Fachkraft für Schutz und Sicherheit"** hatte dort bis zu dem Moment, als dieser Ausbildungsgang integriert wurde, noch niemand jemals gehört oder gewusst.

Die erste grundlegende Problematik lag darin, dass so gut wie alle Lehrer, die uns fördern sollten, unsere Fachkraftausbildung möglichst gut zu bestehen, selbst keinerlei Ahnung von der Materie hatten, da sie es gewohnt waren, Themen aus völlig anderen Berufszweigen zu unterrichten.

Ich muss jedoch fairerweise sagen, dass die Lehrer selbst wahrscheinlich nichts für diesen Umstand konnten. Es wurde uns von ihnen sehr klar vermittelt, dass sie überhaupt kein tatsächliches Mitspracherecht bei der Entscheidung hatten, dass sie nun sogenannte **"Fachkräfte für Schutz und Sicherheit"** unterrichten sollten, und sie auch keine Lust dazu hatten, sich den völlig neuen Lehrstoff anzueignen.

- **Herr S.** war ein bereits älterer, aber charismatischer Mann, der sicherlich innerhalb seines eigentlichen Lehrbereichs gute Arbeit geleistet hatte. Wenn er bei uns unterrichtete (wenn man das überhaupt so nennen konnte), begnügte er sich damit, zunächst Ausdrucke von Wikipedia an uns zu verteilen und diese dann laut vorzulesen – das war's dann auch schon! Wenn jemand von uns Azubis bei ihm eine Frage stellte, die er selbst in fast allen Fällen überhaupt nicht beantworten konnte, fragte er schlichtweg einfach in die Klasse hinein, ob dies denn nicht vielleicht jemand von uns anderen wüsste, oder murmelte vor sich hin, dass er sich diesbezüglich erst selbst noch einmal informieren müsse – **was er natürlich letztlich nie tat. ;)**

- **Herr C.** war ein noch halbwegs junger Lehrer, der zur Ausnahme tatsächlich einmal selbst aus dem Bereich der Sicherheitsbranche kam und zudem im Prüfungsausschuss unserer mündlichen Abschlussprüfung saß. Im Grunde also eigentlich sehr gute Voraussetzungen, könnte man meinen. Doch auch hier wurde ich eines Besseren belehrt!

Obwohl ich Herrn C. prinzipiell als äußerst respektablen Mann ansah und froh war, ihn bei meiner mündlichen Prüfung vor mir sitzen zu sehen, muss ich ehrlich sagen, dass der Unterricht bei ihm stets nur daraus bestand, uns immer wieder seine alten Geschichten und Anekdoten aus seiner aktiven Dienstzeit anzuhören. Sehr oft verschwand er kurz nach Beginn des Unterrichts mit der Begründung, er müsse kurz etwas für uns kopieren, und kehrte erst kurz vor Ende der Doppelstunde zurück – **immer ohne Kopien.**

Er war es auch, der uns damals tatsächlich einreden wollte, dass die Polizei bald zahlreiche Stellen abbauen werde, damit wir Fachkräfte für Schutz und Sicherheit zukünftig immer gemeinsam mit einem Polizisten auf Streife gehen könnten.

- **Herr L.** war ein herzensguter Kerl mittleren Alters, der unglaublich charismatisch und selbstbewusst auftrat, aber eher wie jemand vom Bau wirkte als ein Lehrer. In meinen Augen war er der einzige, der wirklich Eigeninitiative zeigte, sich tatsächlich mit der neuen Materie auseinandersetzte und uns etwas mit auf den Weg geben wollte. Jeder in unserer Klasse freute sich auf den Unterricht bei ihm und wir hegten großen Respekt für ihn. **Er gab sein Bestes,** um uns tatsächlich zu unterstützen und vor allem nahm er uns wirklich ernst! Ich erinnere mich noch gut daran, wie er uns einmal aufforderte, beim nächsten Mal alle einen USB-Stick mitzubringen, damit wir seine persönlichen Lernmaterialien von seinem privaten Notebook vollständig kopieren konnten. Was für ein Ehrenmann. **Er allein war mehr wert als alle anderen zusammen!**

- **Frau H.** war eine noch sehr junge Lehrerin für Wirtschaft, wie aus dem Bilderbuch. Sie trug die typische Kleidung eines Lehrers, hatte die Tasche eines Lehrers und verhielt sich auch wie ein typischer Lehrer. Das eigentliche Problem war jedoch, dass sie in uns wahrscheinlich nur einen Haufen dummer Versager von der Hauptschule sah, die sie nun einmal unterrichten musste.

Wir konnten sie daher (in den meisten Fällen) kein bisschen ernst nehmen. Der Umstand, dass sie ausgerechnet auch noch Wirtschaft unterrichtete, machte das Ganze natürlich nicht besser. Im Grunde versuchte sie wahrscheinlich einfach nur professionell ihr Programm durchzuziehen, aber das funktionierte bei uns nicht wirklich. Als wir schließlich auch noch erfuhren, dass sich die Benotung in ihrem Fach nur marginal auf die Gesamtbenotung auswirkte, war das Kapitel Wirtschaft für die meisten auch schon wieder beendet. ;)

Besonders skurrile Lehrer:

- **Der Filme-Gucker** war ein wahres Highlight an dieser Schule, den wir jedoch erst im zweiten Lehrjahr als Lehrer zugeteilt bekamen. Dieser noch etwas jüngere Typ hatte eine goldene Regel, was seine Doppelstunden bei uns betraf: entweder du verpisst dich jetzt für zwei Stunden und kommst zwischendurch auch nicht mehr wieder, oder du bleibst und machst einfach ruhig dein Ding. Faktisch bedeutete dies, dass er (nachdem alle, die gehen wollten, gegangen waren) die Klassentür von innen verschloss, alle Fenster öffnete, nur um sich dann in Seelenruhe mit denen, die bleiben wollten, gemeinsam eine Kippe (am Fenster) zu rauchen. Nachdem das erledigt war, packte er sein meist umfassendes Frühstück aus, ließ uns einen Film von seiner Festplatte aussuchen und begann zu essen, während wir dabei "solange es nicht allzu laut wurde" machen durften, was auch immer wir wollten!

- **Der Anwalt** war ein bereits älterer Herr und langjähriger Jurist, der eingestellt worden war, um uns im Bereich der Rechtskunde fit zu machen. Der Mann hatte wahrscheinlich ordentlich in seinem Beruf drauf und verfolgte sicherlich nur ehrenhafte Motive.

Das eigentliche Problem war jedoch, dass er als Dozent für Jurastudenten sinnvoll einsetzbar gewesen wäre, aber doch nicht für solch dummen Holzköpfe wie uns.

Wir Schüler stellten uns während seines Unterrichts stets die Frage, warum er einfach nicht einsehen wollte, dass wir das, was er da alles von sich gab, sowieso kein bisschen verstanden. Er hingegen muss sich gefragt haben, warum zur Hölle wir dieses "leichte Zeug" einfach nicht begreifen konnten.

Da wir ihn zudem auch noch stets in den letzten beiden Doppelstunden hatten, wurde es im Laufe der drei Jahre immer mehr zur Gewohnheit, dass unsere gesamte Klasse geschlossen schwänzte **(ja, sogar die Streber).**

- **Der notgeile Sportlehrer**
war ein kleiner, äußerst hagerer Zeitgenosse mittleren Alters, der die ausziehbare Trennwand in der Mitte unserer doch recht großen Sporthalle in der Regel dazu nutzte, um ungestört die Mädchen aus unserer Klasse beim Trampolinturnen zu begaffen, während er uns Jungs in der Zwischenzeit unbeaufsichtigt machen ließ, was wir wollten.

Ich bezweifle stark, dass er an uns bei all dem ständigen Gesabbere überhaupt noch gedacht hatte. Da er seine Vorlieben jedoch höchstwahrscheinlich nicht nur an den Mädchen unserer Klasse auslebte, war es kein Wunder, dass man ihn eines schönen Tages völlig zusammen-geschlagen in unmittelbarer Nähe des Schulgeländes vorfand!

Ich persönlich war einfach nur generell bitter enttäuscht darüber, dass wir anstelle des klassischen **"0815-Schulsports"** nicht sinnvollerweise praktische Techniken aus dem Bereich der **Selbstverteidigung** beigebracht bekommen haben.

- **Die Religionslehrerin** war eine äußerst kleine, stark übergewichtige, bereits deutlich ältere Frau, die in unserer Klasse mindestens genauso fehl am Platz war wie der Chef auf der Arbeit. Mal ehrlich, meine Mitschüler und ich waren zwischen 18 und 30 Jahre alt und jeder von uns wollte doch einfach nur eine Fachkraft für Schutz und Sicherheit werden – wie sollte uns da ausgerechnet der Religionsunterricht weiterhelfen können?

Alltag in der Berufsschule

Unser Alltag an der Berufsschule war geprägt von einer bemerkenswerten Lässigkeit!

Ein beträchtlicher Teil unserer Klasse erschien entweder gar nicht zum Unterricht, kam deutlich später oder verließ das Klassenzimmer viel früher als geplant. Während des eigentlichen Unterrichts machte im Großen und Ganzen jeder, was er wollte – mit wenigen Ausnahmen. Es wurde geschlafen, gegessen, Romane oder Zeitungen gelesen, oder man hing die ganze Zeit über am Handy.

Viele meiner Mitschüler wurden von den Sicherheitsfirmen, bei denen sie als Auszubildende angestellt waren, gnadenlos ausgenutzt. Sie mussten sogar nach der regulären Schulzeit noch zum vollen Dienst erscheinen, was zu einer dauerhaften Überlastung führte. Es war nicht selten, dass einige meiner bemitleidenswerten Mitschüler vollkommen übermüdet und erschöpft, "mit einigen Dosen Energy im Gepäck", direkt aus einer langen Nachtschicht ins Klassenzimmer taumelten.

Die Augen rot und glasig, die Bewegungen träge und unkoordiniert – das Bild der Erschöpfung war allgegenwärtig:

Es sollte also kaum jemanden wundern, wenn ich sage, dass es nicht nur einmal vorgekommen war, dass sich sogar während des Unterrichts schnell und heimlich die ein oder andere **"Line"-Amphetamin** einverleibt wurde. Der dumpfe Klang des Schniefens aus der hintersten Reihe war für uns irgendwann genauso normal wie das Klingeln zur Pause.

Wir armen verlorenen Seelen...

In den Pausen wurde dann überall geraucht und gekifft, bis zum Erbrechen!

Die Luft rund um die Schule war oft dick vor Rauchschwaden. Danach ging man natürlich noch schnell zur Kantine, um sich eines dieser unverschämt großen, belegten Baguettes und etwas Leckeres zu trinken zu holen – was man aber selbstverständlich erst zurück im Klassenzimmer zu verspeisen begann.

Die Tische waren dann übersät mit Krümeln, Sauce und Getränkeflecken, während wir

uns wieder in unsere bequemen Positionen
begaben, bereit, die nächste Runde der
Belanglosigkeit zu überstehen.

Eine kleine Anekdote am Rande:
Die verwehrte Waffensachkundeprüfung (§ 7 WaffG)

Von Anfang des ersten bis zum Ende des
dritten Schuljahres hieß es seitens der
Schulleitung, über die Lehrer kommuniziert,
dass wir gemeinsam als Klasse die
Waffensachkundeprüfung (§ 7 WaffG)
absolvieren würden.

Voller Vorfreude und ein wenig
Aufregung stellten wir uns vor, wie wir
bald mit fundiertem Wissen und offiziellen
Zertifikaten über den Umgang mit Waffen
prahlen könnten. Doch natürlich sollte es
nicht sein. Versprechungen blieben unerfüllt,
Planungen verliefen im Sande und die Lehrer
wichen unseren Nachfragen zunehmend aus.
Am Ende des dritten Schuljahres war klar:
Die Waffensachkundeprüfung würde ein
Traum bleiben – ein weiterer geplatzter
Luftballon in unserer ohnehin schon
desillusionierenden Ausbildungserfahrung.

Lerntage im Büro

Da wir Azubis im ständigen Wechsel lediglich ein- bis zweimal wöchentlich zur Berufsschule mussten, sollten wir daher seitens unserer direkten Vorgesetzten (immer dann, wenn es nur einmal war) an einem festgelegten Tag und Uhrzeit im Büro erscheinen – dort, wo ich ursprünglich auch meinen Ausbildungsvertrag unterzeichnet hatte – um dort acht Stunden lang die Gelegenheit zu bekommen, gemeinsam zu lernen.

In der Realität sah das Ganze dann allerdings eher so aus, dass ich stellenweise mit bis zu fünf anderen Azubis in einem lächerlich kleinen Einzelbüro eingepfercht wurde, wo wir dann "zum Zeitvertreib" allen möglichen Unsinn fabrizierten – außer natürlich tatsächlich zu lernen.

Alibihalber hatten wir zwar immer irgendwelche Bücher, Stifte und Zettel authentisch zurechtgelegt (für den gelegentlichen Fall, dass einer unserer Chefs ohne zu klopfen hereinkam), aber das war es dann auch schon. Stattdessen tauschten wir uns lieber über unsere grundsätzlichen Erfahrungen innerhalb der Branche aus, betrieben Smalltalk oder fabrizierten dezent irgendwelchen Blödsinn.

Das eigentliche Highlight an diesen ansonsten doch prinzipiell recht tristen Tagen lag jedoch darin, dass wir als Auszubildende immer wieder ungewollt Dinge mitbekamen, die einem die meisten Außenstehenden in der Form wahrscheinlich niemals vollends glauben würden. Nicht selten kam es nämlich vor, dass ich oder andere Azubis gerade bei unseren Vorgesetzten im Großraumbüro standen, als der damalige Bereichsleiter (später Regionaleiter) plötzlich völlig unerwartet und wutentbrannt – fast schon hysterisch – mit knallrotem Kopf hereinstürmte, um alle drei vor unseren Augen aufs Übelste lautstark runterzuputzen.

Und das nur, weil mal wieder etwas nicht genau nach seinen persönlichen Vorstellungen verlief oder bereits verlaufen war. **Cringe.**

Wir mussten allerdings nicht einmal zwangsläufig unser winziges Azubi-Büro verlassen, um etwas von diesem sagenhaften Wahnsinn mitzubekommen, da man dieses affenartige Gebrüll auch problemlos von dort aus klar und deutlich mitverfolgen konnte.

Das wohl Krasseste, was es diesbezüglich noch zu berichten gibt, ist der verstörende Umstand, dass dieser Typ allen Ernstes innerhalb seines Chefbüros mit einer Art **"Zepter"** (ein langer robuster Stab mit einer massiven, billiardgroßen schwarzen Kugel an der Spitze) lautstark auf irgendwelche Sachen eindrosch, wenn er mal wieder seine wilden fünf Minuten hatte.

Die Azubis

- **Private Paula**

Private Paula (aus dem gleichen Jahrgang wie ich) war zum Zeitpunkt unseres ersten Kennenlernens 26 Jahre alt und kam gerade erst relativ frisch aus der Bundeswehr, wo er sich für einige Jahre verpflichtet hatte. Er war dort im IT-Bereich tätig gewesen, jedoch wurden laut seinen eigenen Aussagen all die Qualifikationen, die er sich im Laufe der Zeit (ich meine es waren sechs oder sieben Jahre) angeeignet hatte, außerhalb der Bundeswehr nicht anerkannt. Daher hatte er beschlossen, dass die Ausbildung zur "Fachkraft für Schutz und Sicherheit" eine gute und sinnvolle Ergänzung darstellen würde.

Prinzipiell war er wirklich ein guter Kerl mit dem Herz am rechten Fleck, aus gutem Elternhaus stammend und aufgewachsen in einer ruhigen ländlichen Gegend, wo er noch immer in seinem Kinderzimmer hauste und am liebsten vor dem PC saß. Stellenweise wirkte er jedoch (ohne das böse zu meinen) tatsächlich etwas entwicklungsverzögert und wie aus einer anderen Epoche stammend.

Laut seinen eigenen Aussagen hatte ihn die Zeit bei der Bundeswehr stellenweise etwas kaputt gemacht (geistig wie körperlich) und insbesondere seine Blase in Mitleidenschaft gezogen, wodurch er ungewöhnlich oft auf die Toilette musste. Eine weitere seiner Eigenarten war es, ständig die Nase hochzuziehen, und das meist ohne nachvollziehbaren Grund. Nein, ich denke nicht, dass er ein Kokser oder so etwas war.

Dienstlich gesehen merkte man ihm seine Zeit beim Militär an. Man konnte ihm problemlos eine Aufgabe zuteilen, nachdem man ihm diese mehrfach präzise erläutert hatte. Kam jedoch etwas Unerwartetes vor, gelang es ihm in den meisten Fällen nicht, selbstständig sinnvoll damit umzugehen.

Bei einer Veranstaltung stellte man ihn beispielsweise einmal an eine Schrankenposition (eine der Zufahrten zum Werksgelände) und erklärte ihm, dass er dort bis zu einer gewissen Uhrzeit niemanden mehr reinlassen sollte. Eigentlich eine einfache Aufgabe, könnte man meinen. Das Problem war jedoch, dass er diese Anweisung vielleicht etwas zu ernst nahm, da er daraufhin nicht einmal die einige Zeit später

angerast kommende Feuerwehr mit Blaulicht
und Großaufgebot hereinlassen wollte.

Noch heute denke ich, er kann wirklich froh
darüber sein, dass es sich dabei erstens (Gott sei
Dank) nur um einen Fehlalarm handelte und sie
ihm zweitens die Schranke nicht einfach
abgefahren haben.

An einem anderen Objekt durften wir
Azubis wiederum wegen einer anderen absolut
sinnfreien Aktion seitens des Kunden überhaupt
nicht mehr an diesem Standort erscheinen.
Es war halt nicht die beste Idee, die dort
befindlichen "Erlkönige" (Prototypen neuer
Autos) mit dem privaten Handy ausgiebig
zu filmen und zu fotografieren!

Auch wenn er die Ausbildung am Ende erst beim
zweiten Anlauf bestand, hatte er sie immerhin
bestanden. Eigentlich der beste Beweis dafür,
dass wirklich so gut wie jeder Tölpel "zumindest
bei uns in der Branche" zu einer waschechten
Fachkraft werden kann! ;)

- **Lemillion**

Lemillion war ein Azubi, der seine
Fachkraftausbildung gerade begann,
als ich frisch in meinem zweiten Lehrjahr war.
Er war ein schon fast erschreckend selbstbewusster, mehr als nur gut durchtrainierter
junger Kerl Anfang 20, der bereits den **1. Dan**
im Judo sein Eigen nannte und an einer
renommierten Sporthochschule als potenzieller
Teilnehmer für die Olympischen Spiele trainiert
wurde.

Man konnte durchaus eine Menge Spaß mit ihm
haben. Seine größte Schwäche lag jedoch in
seiner Überheblichkeit und Selbstüberschätzung
sowie dem ungesunden Drang, unbedingt ein
waschechter Millionär (Star) werden zu wollen.
Kein Scherz, der Typ meinte das verdammt ernst
– äußerst ernst sogar, aber dazu später mehr...

Ich selbst habe ihn zur damaligen Zeit als
charismatisches Vorbild gesehen, zumindest was
das Sportliche und sein selbstsicheres Auftreten
betraf!

Er hatte ein wahnsinniges Talent, inspirierend
und motivierend zugleich auf einen einzuwirken,
ohne großartig viel dafür zu tun. Selbst die alten

Hasen bei uns am Objekt konnten sich seinem speziellen Charme nicht entziehen und wurden schlagartig wieder ein Jahrzehnt jünger (fitter), wenn er zugegen war.

Von "wer kann mehr Liegestütze" bis "ey Lemillion, lass mal Armdrücken machen" war wirklich alles dabei. Rundum genoss er bei uns am Objekt (zumindest bei den allermeisten) einen äußerst guten Ruf.

Ich sag euch, dieser Kerl hat Sachen gebracht, die waren schon wirklich unglaublich:

Immer dann, wenn er beispielsweise gerade irgendwo im Ausland bei einem Judoturnier teilnahm, ist er "ohne sich dafür Urlaub zu nehmen" oder zumindest jemanden darüber in Kenntnis zu setzen tagelang einfach nicht zur Arbeit erschienen. Wenn er dann jedoch wieder auftauchte, tat er eiskalt so, als wäre nie etwas gewesen.

Oftmals hatte er sein Auto extra außerhalb des Werksgeländes geparkt, kam dann für ein Stündchen zur Arbeit, um zu zeigen, dass er da ist, und schlich sich dann still und heimlich wieder zurück zu seinem Auto, um sich bis kurz vor Feierabend einen schönen Tag zu machen.

Als ich einmal mit ihm und zwei anderen Azubis gemeinsam für eine gewisse Zeit in einer Postzentrale aushelfen sollte, saß er tagelang an seinem zugeteilten Platz und machte alles Mögliche, nur nicht das, wofür wir dort eigentlich hingeschickt worden waren. Schließlich verrieten ihn die dort tätigen Mitarbeiter beim Chef, und er wurde zurück in den Werkschutz geschickt.

Richtig wild wurde die Nummer, als er nebenbei noch ins Versicherungsgewerbe einstieg, weil er glaubte, dort das richtige Geld zu verdienen. Er erklärte mir, dass es dort eine Hierarchie gibt, bei der man bei 0 anfängt und sich bis auf Rang 7 hocharbeiten kann, wobei man bei jeder Erhöhung nach und nach mehr exklusive Privilegien und Geld bekommt.

Ab diesem Zeitpunkt interessierte er sich nur noch dafür und die Verwirklichung seines sehnlichsten Wunsches, Millionär zu sein. Es dauerte nicht mehr allzu lange, bis er schließlich von unserem damaligen Arbeitgeber aufgrund zahlreicher negativer Auffälligkeiten mitten im zweiten Lehrjahr rausgeschmissen wurde.

Lemillion stieg daraufhin (nun ohne abgeschlossene Berufsausbildung) vollständig ins Versicherungsgewerbe ein, wo er sich in kurzer Zeit erfolgreich hocharbeiten konnte. Bei unserem letzten Treffen befand er sich bereits auf Rang 4, hatte ein eigenes Büro sowie Angestellte und fuhr einen dicken weißen BMW.

Das Ganze nahm allerdings nicht das Maß an Happy End an, wie man vermuten könnte. Ganz im Gegenteil, er scheiterte daran, dass ihm irgendwann alle Möglichkeiten, weiter aufzusteigen, ausgeschöpft waren. Ihm blieb augenscheinlich keine andere Wahl, als betrügerische Mittel zu ergreifen, um weiterhin seine Ziele verfolgen zu können.

Die letzten Informationen, die mir diesbezüglich bekannt sind, besagen, dass ihm das Ganze gewaltig um die Ohren geflogen ist und er daraufhin "alternativlos" nach Russland fliehen musste, wo er noch lebende Verwandte hatte. Ich habe seitdem nie wieder etwas von ihm persönlich gehört oder auf irgendwelchen Social-Media-Plattformen gefunden.

- **Der Pangolin**

Der Pangolin war ein äußerst arroganter, ungepflegter, stark übergewichtiger und unsympathischer Kettenraucher Mitte 20, der an einer massiven Schuppenflechte litt, wie man sie im Leben nur einmal zu sehen bekommt. Höchstwahrscheinlich hätte er unter normalen Umständen niemals diesen Ausbildungsplatz erhalten, hätte seine "von ihrem Sohnemann mehr als nur besessene Mutter" nicht bereits eine gefühlte Ewigkeit für das Unternehmen hingebungsvoll gute Arbeit geleistet. Da blieb ihnen wohl keine andere Wahl.

- **Die Zielstrebige**

Die Zielstrebige war eine halbwegs attraktive, selbstbewusste junge Frau Anfang 20 (mit tendenziell leicht maskulinen Zügen), die sich bereits eine Jahrgangsstufe über mir befand. Auch wenn ich während meiner Ausbildung immer wieder einmal mit ihr zu tun hatte, kann ich nicht allzu viel Negatives über sie berichten. Im Grunde war sie einfach nur ein zielstrebiges Mädchen aus einem gutbürgerlichen Elternhaus, das jedoch auch nicht davor zurückschreckte, radikalere Maßnahmen einzusetzen, um ihre Ziele erfolgreich in die Tat umzusetzen.

- **Ocean's Eleven**

Ocean's Eleven, ein äußerst gerissener Azubi, der einst ursprünglich gemeinsam mit der Zielstrebigen die Ausbildung begonnen hatte (und sich dementsprechend ebenfalls eine Jahrgangsstufe über mir befand), galt intern sehr lange als das Paradebeispiel eines "Vorzeige-Azubi". Er schrieb stets gute Noten, lernte fleißig und sprang immer ein, wenn man ihn brauchte. Rundum also ein Mitarbeiter, dem man bedingungslos ein hohes Maß an Vertrauen entgegenbrachte.

Dass er eines Tages aufgrund deutlich überhöhter Geschwindigkeit (bei starkem Regen) einen Dienstwagen völlig ruinierte, konnte man ihm daher sicherlich noch verzeihen. Dass er jedoch lange Zeit vor aller Augen unbemerkt systematisch "die alten Lagerbestände" des Objektes, wo ich einen Hauptteil meiner Ausbildung verbrachte (der Hauptsitz des wahrscheinlich größten Telekommunikationsunternehmens ...Europas), leergeräumt und bei eBay verhökert hatte, jedoch nicht!

Der eigentliche Coup an dem Ganzen war jedoch, dass besagter Azubi bereits kurze Zeit, nachdem er gekündigt worden war, erneut genau an diesem Objekt auftauchte – nur diesmal als Angestellter einer anderen, ebenfalls dort tätigen großen Fremdfirma. Noch heute frage ich mich gelegentlich, wie er das in Gottes Namen hinbekommen hat.

- **Mr. Stinson**

Mr. Stinson war ein kräftig gebauter, charismatischer Südländer Mitte 20, der im Laufe des ersten Lehrjahres von einer anderen Sicherheitsfirma (wo er unvermeidlich vor dem Rausschmiss stand) zu unserem Betrieb wechselte. Er gehörte zu der kleinen Minderheit an jungen Menschen, die tatsächlich für diesen Beruf auserkoren zu sein schienen und gleichzeitig keine vollkommenen Vollidioten darstellten.

Er war ein äußerst humorvoller, geselliger Typ, der sich nicht davor scheute, seine Hände schmutzig zu machen. Dennoch legte er stets viel Wert auf ein gepflegtes und professionelles Auftreten und kam dementsprechend selbst in die Berufsschule in solch einem Outfit, dass man ihn leicht mit dem Vorgesetzten eines Schülers hätte verwechseln können.

Das war eine bunte Truppe von Azubis, welche die Ausbildung zur "Fachkraft für Schutz und Sicherheit" definitiv zu einem unvergesslichen Erlebnis machten. Trotz der vielen skurrilen, frustrierenden und oft auch komischen Momente, die wir gemeinsam durchlebten, kann ich rückblickend sagen, dass diese Zeit mich auf besondere Weise geprägt und mir viele wertvolle Erfahrungen und Geschichten beschert hat.

Einsatz in der Poststelle

Kehren wir nun wieder zu meinem hauptsächlichen Objekt zurück: dem Hauptsitz eines der wahrscheinlich größten Telekommunikationsunternehmen Europas. Um genau zu sein, zu dem Zeitpunkt, als wir Azubis immer wieder einmal im Bereich der Poststelle (von 8 bis 16 Uhr) eingesetzt wurden und ich kurzfristig tatsächlich der naiven Meinung erlegen war, dass dadurch vielleicht endlich mal ein wenig "willkommene Abwechslung" zum langweiligen Werkschutzalltag ins Spiel kommen würde.

Die Poststelle war ein großzügig dimensioniertes Großraumbüro mit sicherlich 15 bis 20 Mitarbeitern, von denen jedoch nur ein gewisser Anteil (ungefähr zwei Drittel) tatsächlich von unserer Firma war; der Rest waren interne Mitarbeiter des Kunden selbst. Geleitet wurde dieser Bereich von einem unserer Mitarbeiter, einem kleineren, überaus netten sowie charismatischen Kerlchen Mitte 50 mit einem Hang zur Weinflasche, die er sich gegen Mittag stets mit solch einer Selbstverständlichkeit einverleibte, als sei es das Normalste auf der

Welt, während des Dienstes genüsslich Alkohol zu konsumieren.

Die eigentliche Hauptaufgabe, die es dort zu erledigen gab, bestand darin, sich eine rechteckige gelbe Kiste vollgepackt mit Briefen zu nehmen, diese an seinem jeweiligen Arbeitsplatz (Schreibtisch) zu öffnen und dann zu schauen, ob dort eine acht- oder zehnstellige Kundennummer angegeben war. Das Ganze wurde dann logischerweise auf zwei Stapel aufgeteilt, und das war es dann auch schon wieder!

Wirklich äußerst spektakulär... ;)

Aber immerhin durften wir dort in ziviler Kleidung auftauchen und mussten diese ätzende Dienstkleidung nicht tragen. **xD**

Hauseigene Veranstaltungen des Telekommunikationsunternehmens:

Über das Jahr hinweg fanden in regelmäßigen Abständen interne Mitarbeiterevents wie Konzerte von Sängern und Bands, Auftritte bekannter DJs sowie große Weihnachts- und Silvesterfeiern statt, bei denen wir Azubis ebenfalls dienstlich eingesetzt wurden.

Das für mich persönlich interessanteste an solchen Veranstaltungen war jedoch stets der zunächst vollkommen unerwartete Umstand, dass all die unzähligen spießigen, verklemmten sowie versnobten Anzugträger, die einem während des normalen Tagesgeschäfts so vorkamen, als hätten sie sich leidenschaftlich einen äußerst langen Besenstiel vollständig bis zum Anschlag eingeführt, nun ganz plötzlich unter massivem Alkohol- sowie Drogeneinfluss **(Kokain und Ecstasy)** stehend, hemmungslos und voller Ekstase eskalierend feierten, als wäre es buchstäblich ihr letzter Tag auf Erden.

Sah man diese Leute dann 2-3 Tage nach der Veranstaltung unter regulären Umständen erneut, verhielten sie sich wieder ganz plötzlich so, als wäre nie etwas gewesen! ;)

Weitere äußerst
skurrile Ereignisse

Schlägerei unter Kollegen:

Während einer Veranstaltung war einer meiner damaligen Kollegen, der Pate, in seinem Urlaub ebenfalls privat vor Ort gewesen, um ausgiebig zu feiern. Im Verlauf des Abends hatte er jedoch so viel getrunken, dass er plötzlich anfing, sich mit Mitarbeitern unserer eigenen Firma, die extra nur für dieses Event bei uns am Objekt aushalfen, ernsthaft prügeln zu wollen.

Eine Bombe unter
einem Weihnachtsbaum:

Während einer der jährlichen Weihnachtsfeiern bemerkte ein Gast eine auffällige Reisetasche, die offensichtlich halbherzig hinter dem gewaltigen Weihnachtsbaum versteckt wurde, der erst wenige Tage zuvor in der Hauptempfangshalle aufgestellt worden war. Alle gingen augenblicklich vom schlimmsten denkbaren Szenario aus: einer Bombe!

Nachdem unverzüglich mit der vollständigen Evakuierung des Areals begonnen werden sollte und der zuständige interne

Sicherheitsbeauftragte des Kunden über den Sachverhalt informiert worden war, kam dieser nur wenige Sekunden später, wie von der Tarantel gestochen, zum Haupteingang des Gebäudes gestürmt, inspizierte hektisch die Lage und öffnete dann ohne vorherige Absprache einfach eigenmächtig die Tasche.

Mitarbeiter arbeiten trotz Feueralarm einfach stur weiter:

Während eines Feueralarms sollte ich schnellstmöglich zu dem betroffenen Bauteil rennen, um vor Ort die tatsächlichen Gegebenheiten zu überprüfen und beispielsweise nach Auffälligkeiten wie Rauch Ausschau zu halten. Man sollte meinen, dass die dort ansässigen Mitarbeiter aufgrund des unüberhörbaren Alarms längst das Gebäude verlassen haben, doch weit gefehlt! Sie saßen einfach weiter wie fleißige Arbeitsroboter an ihren Schreibtischen und tippten munter auf ihren Tastaturen herum.

Ich erinnere mich noch gut an eine Frau mittleren Alters, die völlig verdutzt mit weit aufgerissenen Augen vor den dortigen Fahrstühlen stand und sich entsetzt bei mir erkundigte, weshalb diese plötzlich beide

nicht mehr funktionieren würden. **Gott,
wie dämlich kann man überhaupt nur sein?**

Mikrowelle explodiert wegen einer gefrorenen Pekingente:

Einmal musste ungewollt die Feuerwehr
Zu uns ans Objekt ausrücken, nur weil
irgendein Intelligenzverweigerer tatsächlich
der unsinnigen Meinung war, dass er doch
unbedingt noch auf der Arbeit eine
tiefgefrorene Pekingente in einer stink-
normalen **0815-Mikrowelle** zubereiten müsse,
die daraufhin nach einigen Minuten mitsamt
ihres Inhaltes vollständig explodierte.

Feuerlöscher explodiert während der Wartung:

Während einer routinemäßigen Kontrolle
mehrerer Feuerlöscher an diesem Standort
durch einen Mitarbeiter eines zertifizierten
Fachbetriebs für die Überprüfung sowie
Wartung aller Arten von Feuerlöschern
geschah es, dass einer von ihnen völlig
unerwartet explodierte.

Dadurch wurde nicht nur ein kostspieliger
Fehlalarm ausgelöst, sondern der gesamte
Bereich, inklusive des peinlich berührten

Prüfers, war bis in die letzte Ecke vollständig mit einem hartnäckigen Film weißen Löschpulvers überzogen.

Sonstige Objekte während meiner Ausbildung

Neben meinem eigentlichen Objekt, auf das ich zuvor bereits eingegangen bin, gab es natürlich auch noch einige weitere Standorte, die ich während meiner Fachkraftausbildung kennenlernen sollte.

Objekt Nr. 2:

Ein kleineres 5-stöckiges Verwaltungsgebäude eines großen Bauunternehmens

Tätigkeit:

Empfangsdienst / Objektschutz

Ich befand mich gerade noch während eines Frühdienstes an meinem regulären Objekt und bereitete mich schon langsam freudig auf den Feierabend vor, als mich plötzlich "Herr M.", einer meiner Vorgesetzten, auf meinem Handy anrief. Er teilte mir mit, dass es woanders einen Notfall gäbe und er mich jetzt augenblicklich abholen müsste. Letztlich bedeutete dies für mich, dass ich, obwohl meine regulären 8 Stunden Frühdienst bereits fast um waren, nochmals weitere 8 Stunden Spätdienst übernehmen musste.

Während der Fahrt zu dem mir unbekannten Objekt erklärte mein Chef mir, dass ich dort zum Ende der regulären Schicht am Empfang noch einen Kontrollgang durch alle 5 Etagen des Gebäudes machen müsste. Ich durfte dabei den Aufzug nicht benutzen und musste darauf achten, welche Türen und Fenster im Erdgeschoss unbedingt verschlossen sein sollten, bevor ich das Gebäude wieder verließ und den Schlüssel für den Haupteingang an einen bestimmten Ort brachte. Das war es dann allerdings auch schon an nützlichen Informationen seinerseits.

Das Schlimmste daran war für mich persönlich die Tatsache, dass ich als Azubi schlagartig ohne jegliche Einweisung oder jemals zuvor dort gewesen zu sein, völlig alleine schauen sollte, wie ich mit dieser für mich ungewohnten Situation zurechtkomme.

Da saß ich nun also in meiner vollen Pracht am Empfang des Gebäudes, apathisch aus dem Fenster in Richtung S-Bahn-Haltestelle (Freiheit) starrend und hatte überhaupt keinen Plan von nichts. Wie sich jedoch glücklicherweise schnell herausstellte, brauchte ich das auch nicht zu haben, da zunächst lange Zeit nichts passierte. Kein Anruf, kein Besucher – nichts.

Das Szenario änderte sich allerdings in dem Augenblick, als einer der dort tätigen Mitarbeiter meinte, im Bereich des Erdgeschosses ausgerechnet die eine Tür öffnen zu müssen, die mit einem sogenannten Türalarm versehen war. Dieser Alarm konnte nur mit dem passenden Schlüssel zurückgesetzt werden und gab bis dahin ordentlich nervtötenden Lärm von sich.

Selbstverständlich hatte ich zu diesem Zeitpunkt keinen blassen Schimmer, wo sich dieser eine bestimmte Schlüssel befand. Also musste ich, weil mir keine andere Wahl blieb, hektisch den gesamten Empfangsbereich (alle Schränke, Schubladen usw.) nach potenziellen Schlüsseln durchsuchen und dann jeden einzelnen von ihnen geduldig ausprobieren, bis ich schließlich den passenden Schlüssel gefunden hatte.

Gegen kurz vor Ende meines langen 16-Stunden-Tages verschloss ich dann den Haupteingang und machte den mir aufgetragenen Kontrollgang von der obersten Etage (Treppensteigen – der natürliche Feind jedes Pförtners) bis hin zum Kellerbereich, ohne mich dabei im menschenleeren Gebäude auszukennen oder zu wissen, worauf ich speziell achten sollte.

Nachdem ich meiner Auffassung nach endlich fertig war und das Gebäude über die dafür vorgesehene Tür im Keller verließ und hinter mir verschloss, musste ich noch den Schlüssel für Haupt- sowie Nebeneingang zu einem anderen Gebäude bringen, was einen zusätzlichen Fußweg von 10 bis 15 Minuten in Anspruch nahm.

Die nächsten beiden Male, die ich relativ zeitnah nach diesem Tag wieder dorthin kommen sollte, bekam ich endlich auch eine Einweisung – zunächst für den Spätdienst und dann für den Frühdienst. Schnell kristallisierte sich heraus, dass wir dort neben dem Verschluss des Gebäudes am Abend kaum tatsächliche Aufgaben hatten und grundsätzlich wenig bis nichts während beider Schichten geschah.

Einweisung Spätdienst

Der ältere, freundliche Herr, bei dem ich meine erste Einweisung im Spätdienst erhielt, stellte sich als leidenschaftlicher Briefmarkensammler heraus. Er erwarb auf Flohmärkten massenhaft alte Postkarten, Briefumschläge und dergleichen, die er dann auf mehrere Schuhkartons aufgeteilt während des Dienstes begutachtete. Mich persönlich störte das nicht wirklich, der Anblick war jedoch äußerst skurril. Während des Dienstes selbst passierte so gut wie nichts!

- *Wenn überhaupt mal jemand anrief, hatte sich ein Großteil der Anrufer nur verwählt. Wenn nicht, musste man den Anrufer lediglich richtig weiterleiten.*

- *Mit etwas Glück kam vielleicht auch mal ein Postbote vorbei, der ein Paket für einen Angestellten zustellen wollte.*

- *Besucher gab es auch hin und wieder, aber selbst während des Frühdienstes waren diese selten.*

- *Da Smartphones zu dieser Zeit noch eine Rarität darstellten und es dort keinen Computer gab, starrte ich mal wieder auf die S-Bahn-Haltestelle gegenüber.*

Als die Schicht sich dem Ende zuneigte und es darum ging, dass mir der Kollege den Kontrollgang zeigen sollte, meinte er nur:

"Ach quatsch, Junge, was soll ich dir da schon groß zeigen... lauf einfach auf jeder Etage gründlich rum, schau, ob alle das Gebäude verlassen haben, das Licht aus ist und die Fenster geschlossen sind. Wenn du schon dabei bist, kannst du auch die Spülmaschinen ausmachen, falls überhaupt noch welche eingeschaltet sind." Im Grunde also wirklich kein Hexenwerk.

Während des Kontrollgangs wurde mir jedoch ein gewaltiger Schrecken eingejagt, als ich einen älteren Herrn augenscheinlich **bewusstlos** in seinem Büro auf einem Stuhl vorfand.

Nachdem er trotz mehrmaligem Ansprechen nicht reagierte, schossen mir alle möglichen Gedanken durch den Kopf. Ich ging mutig näher heran und berührte seine Hand, als er plötzlich hochschreckte und wir uns beide fast synchron vor Schreck in die Hose machten.

Wie sich herausstellte, hatte der verlegene Herr noch einen weiten Fahrweg vor sich und wollte nur kurz seine Augen schließen, bevor er ins Auto stieg. Er war eingeschlafen, entschuldigte sich mehrfach für die Unannehmlichkeiten und machte sich hektisch auf den Weg.

Einweisung Frühdienst

Die Einweisung im Frühdienst erhielt ich von einer etwas steifen, sich selbst und den Job zu ernst nehmenden Frau reiferen Alters, die dazu neigte, alles ein wenig zu überdramatisieren, obwohl es keinen rationalen Grund dafür gab.

Auch wenn sich der allgemeine Tätigkeitsaufwand während des Frühdienstes ein wenig erhöhte, war das Ganze noch immer nicht der Rede wert.

- *Früh morgens gleich nach Dienstbeginn kamen zwei freundliche Reinigungskräfte, denen man lediglich einen Schlüssel aushändigen (und eintragen) musste, damit sie ihre Arbeit vollziehen konnten.*

- *Einige Zeit später folgten die ersten Angestellten, die einem nach kurzer Begrüßung ihr internes Ausweisdokument zur Identifizierung vorzeigten und dann fix in ihren Büros verschwanden.*

- *Besucher sowie telefonische Anrufe hielten sich ebenfalls in Grenzen und waren mit keiner tatsächlichen Arbeit verbunden.*

- *Das einzige, was noch hinzukam, waren gelegentliche Zustellungen unterschiedlichster Art, ganz gleich, ob Briefe, kleinere Pakete oder größere Lieferungen wie Bürobedarf, Büromaterial und Büromöbel – wirklich viel hatte man auch damit nicht zu tun.*

Nachdem ich beide Einweisungen erfolgreich hinter mich gebracht hatte und immer wieder dort – ungeplant – eingesetzt wurde, hatte ich mir irgendwann aus reiner Verzweiflung angewöhnt, nach Dienstbeginn "32 Striche" auf ein Blatt Papier zu ziehen. Jede vergangene Viertelstunde strich ich einen nach dem anderen geduldig durch, bis ich endlich wieder zurück in die Freiheit konnte. **Traurig, aber wahr...**

Objekt:
Automobilzulieferer spezialisiert
auf Fahrzeugelektronik
Tätigkeit:
Empfang / Pforte / Werkschutz

Dieses Objekt ist weniger aufgrund der dort zu
verrichtenden Tätigkeiten – da wir seitens des
Kunden sowieso so gut wie nichts eigenständig
machen sollten – oder der Kollegen
erzählenswert, sondern einzig und allein
aufgrund des dort damals tätigen Objektleiters
(Ende 30), der ständig auf äußerst seltsame Art
und Weise sein augenscheinlich mickriges Ego
füttern und seinen Sexualtrieb stillen wollte.

Er war wirklich einer, der ständig im Mittelpunkt
stehen und bei jedem beliebt sein musste. Er
gab zu allen erdenklichen Themen ungefragt
seinen Senf dazu und präsentierte ständig Fotos
von allen möglichen Frauen, Autos, Motorrädern
und Häusern, wobei er seinem Gegenüber
ernsthaft weismachen wollte, dass dies alles ihm
gehören würde. Gleichzeitig kam er jedoch
jeden Tag erneut mit der gleichen uralten
Schrottkarre zur Arbeit. Wenn man ihn dann auf
diese immer wieder auftretenden eindeutigen
Ungereimtheiten ansprach, verhaspelte er sich

schnell in unglaubwürdige Ausreden voller
auffälliger Widersprüche.

Anscheinend schaffte er es im Laufe der Zeit
dennoch, zwei junge, halbwegs attraktive
weibliche Auszubildende von unserer Firma
unabhängig voneinander tatsächlich davon zu
überzeugen, dass sie es irgendwann noch sehr
weit bringen würden, wenn sie sich ihm
gegenüber nur möglichst gefällig genug zeigen
würden. ;)

Dumm nur, dass er bei beiden seine zahlreichen
ihnen gegenüber erbrachten falschen
Versprechen (Zusagen) niemals wirklich
eingehalten hatte, geschweige denn sich
überhaupt in der Position befand, sie (selbst
wenn er es gewollt hätte) auch tatsächlich
einhalten zu können. Noch dümmer war, dass
sich beide betroffenen Auszubildenden plötzlich
miteinander anfreundeten und sehr schnell auf
dieses spezielle Thema kamen, welches sie drei
untereinander allesamt verband.

Ding Dong... Sexueller Missbrauch von Schutzbefohlenen (§ 174 StGB)... Jackpot ;)

Objekt:
Rechtsanwaltskanzlei
Tätigkeit:
"Alibi"-Empfangsdienst

Meine erste Einweisung an diesem Objekt hatte ich bei einer jungen, attraktiven Italienerin während des Spätdienstes von 14 bis 22 Uhr.

Die Einweisung an sich war äußerst schnell erledigt, da es nämlich (außer am PC im Internet zu surfen) überhaupt nichts zu tun gab. Der einzige Grund, warum wir vermutlich überhaupt noch an dem pompösen Empfang innerhalb der edlen Empfangshalle saßen, war, um aufzupassen, dass nicht irgendwelche übermütigen Jugendlichen oder besoffenen Obdachlosen einfach so unbefugt hineintraten.

Kurz vor Feierabend mussten wir dann lediglich per Touchscreen im Empfangsbereich das gesamte Licht ausschalten und die beiden Drehtüren des Eingangs verschließen. Das war es auch schon wieder gewesen. Noch nicht einmal ein abschließender "allgemeiner Kontrollgang" durch die Etagen des doch etwas größeren Gebäudes war seitens des Kunden erwünscht.

Auch die etwas später erfolgte Einweisung bei einer bereits schon älteren Kollegin während des Frühdienstes sah nicht sonderlich anders aus. Der einzige Unterschied lag darin, dass gelegentlich ein Briefträger bzw. Postbote kam und man folglich etwas annehmen musste, was dann später durch einen dort tätigen Mitarbeiter am Empfang abgeholt wurde.

Noch nicht einmal mit den Besuchern hatte man tatsächlich etwas zu tun, da so gut wie in allen Fällen bereits schon immer ein Mitarbeiter vor Ort gewesen war, um die Damen und Herren in Empfang zu nehmen. Bei dem Empfangstelefon bezweifle ich bis heute, ob es überhaupt jemals geklingelt hat, geschweige denn jemals tatsächlich wirklich angeschlossen war. Im Grunde fühlte man sich dort durch und durch wie ein Statist sitzend an einer Filmkulisse... Alles nur Show!

Objekt:
"Etepetete"-Bekleidungsgeschäft
Tätigkeit: Dorman

Ein allgemeiner Ratschlag sei an dieser Stelle vorweg gegeben: Sollte man dir jemals eine Stelle als sogenannter "Dorman" anbieten, vertrau mir... **"geh einfach... renn weg...",** **denn ansonsten wirst du es sicherlich noch bitterlich bereuen!**

Die Position eines Dorman ist wohl das Menschenunwürdigste, was unsere Branche anzubieten hat. Natürlich gibt es sicherlich noch Schlimmeres, und "menschenunwürdig" ist innerhalb unseres Bereiches sowieso der allgemeine Standard. Da ich jedoch selbst für einige Monate dazu genötigt wurde, diesen "Firlefanz" mitzumachen, möchte ich an dieser Stelle auch gerne einmal rückblickend darüber berichten.

Mein damaliger Einsatzort war ein kleines, aber auf zwei Etagen aufgeteiltes **"Schickimicki-Klamottengeschäft"**, wo bereits ein simples T-Shirt so teuer war wie anderswo eine Jeanshose. Die Kundin selbst **(ein noch halbwegs junges, selbstverliebtes Püppchen Mitte/Ende 20)**

109

war fast immer vor Ort und hatte stets ganz eigene präzise Vorstellungen davon, wie sich "der Typ vom Sicherheitsdienst" draußen vor dem Eingang zu verhalten hatte – **wie ein "Portier" vor einem Luxushotel oder ein "hauseigener Butler".**

Der Dienst selbst war dann immer von 11 bis 21 Uhr mit nur einer einzigen Pause von 45 Minuten!

Die restliche Zeit verbrachte man **(natürlich stets möglichst aufrecht stehend und mit den Händen hinter dem Rücken)** wie eine Statue oder eine der Wachen vor dem Buckingham Palace unmittelbar vor dem Eingang des Geschäftes und verlor dabei mit jeder einzelnen Minute, die verging, immer ein Stück weit mehr seiner eigenen kostbaren Würde!

Meine einzige Hauptaufgabe lag darin, jeden einzelnen Kunden, der das Geschäft betrat oder verließ, möglichst arschkriecherisch (gleichzeitig aber "natürlich" auch so authentisch wie möglich) **die "Poperze" zu pudern...**

Ich habe ja persönlich keinerlei Probleme damit, anderen einen "guten Morgen", einen "schönen

Tag" oder ein schönes Wochenende zu wünschen. Wenn die Kundschaft jedoch potentiell aus irgendwelchen hochnäsigen, versnobten Jugendlichen und massiv eingebildeten Erwachsenen besteht, die einen selbst keines Blickes würdigen, und man gleichzeitig dort im Sommer "für Grundlohn" im warmen Anzug und Krawatte stehen soll, während alle anderen um einen herum leicht bekleidet einen schönen sonnigen Tag genießen, hört bei mir der Spaß eindeutig schnell auf!

Die absolute Krönung an all dem war zudem der zusätzliche Umstand, dass dort parallel im gleichen Geschäft noch eine Ladendetektivin von unserer Firma in ziviler Kleidung tätig war, welche nicht nur einen höheren Stundenlohn bekam als der Kollege, der die Position des Dorman innehatte, sondern 2. sich auch nach Belieben immer wieder (mit Erlaubnis des Kunden) längere Zeit einfach so verpisste, um irgendwo gemütlich einen Kaffee zu trinken, etwas Leckeres zu essen oder privat shoppen zu gehen.

Und das alles aufgrund der Begründung, dass es ja ansonsten viel zu auffällig wäre, wenn sie sich als Detektivin ununterbrochen im Geschäft aufhielte.

Mag ja alles gut und richtig sein, doch sollte man sich dann meines persönlichen Empfindens nach zeitgleich auch in die Lage desjenigen versetzen, der sich parallel ununterbrochen zum absoluten Deppen machen lassen muss – **dem Dorman!**

Anderweitige Einsätze

(Aktionärs)-Hauptversammlungen:

Eine sogenannte Hauptversammlung dient als Zusammenkunft aller Aktionäre zum Zwecke der Informations- und Beschlussfassungen über unternehmensbezogene Vorgänge.

Aus der Perspektive eines Auszubildenden wie mir damals bedeutete dies letztlich einen verdammt langen und anstrengenden 16-Stunden-Dienst, bei dem man die meiste Zeit über vor irgendeiner Fluchttür positioniert wurde, die sich fernab von jeglichem tatsächlichen Geschehen befand.

Zweimal wurde ich im Verlauf meiner Ausbildung bei solch einer Veranstaltung eingesetzt, und beide Male dachte ich mir stundenlang: "Was in Gottes Namen mache ich hier eigentlich überhaupt?"

Wir durften nicht hin und her laufen, wir durften nicht miteinander reden, und eine Pause gab es höchstens mal, um kurz auf die Toilette gehen zu können. Als Raucher hatte man sowieso gelitten! Selbst unser Essen mussten wir weiterhin vor unserer zugewiesenen Fluchttür stehend zu uns nehmen. Einfach nur armselig...

Gemeinsamer Umbau eines Kindergartens mit Bauhaus-Azubis:

Im Laufe meiner dreijährigen Ausbildung kam es irgendwann einmal dazu, dass wir Fachkraft-Auszubildenden von unserem angeblichen "Ausbilder" (und zu dem Zeitpunkt bereits Regionalleiter) dazu aufgefordert wurden, gemeinschaftlich mit den Azubis eines Bauhauses mehrere Tage lang ehrenamtlich einen Kindergarten umzubauen und zu modernisieren (renovieren).

Prinzipiell gesehen ja auch überhaupt keine schlechte Sache. Äußerst unverschämt fand ich es jedoch, dass besagter Chef sich lediglich erst am Ende des letzten Tages **(wo die Arbeiten natürlich bereits alle getan waren)** selbst vor Ort blicken ließ – um sich schnell von der Presse mit inszenierten Szenarien als Held ablichten zu lassen – und daraufhin auch gleich wieder zügig verschwand.

Am Ende durfte sich dann als großzügiges Dankeschön für unseren tatkräftigen Fleiß

(abgesehen von dem Lächeln der Kinder)
immerhin jeder von uns noch eine eigene
Pizza bestellen, "natürlich auf Kosten des
Kindergartens".

Unser Chef wäre selbst wahrscheinlich auch
niemals auf solch eine Idee gekommen. Für ihn
war es persönlich bei dem ganzen Unterfangen
nur wichtig gewesen, den letztendlichen Ruhm
für all dies abgreifen zu können und nicht mehr!

Prüfungen schriftlich/mündlich

Meine schriftliche Abschlussprüfung zur
Fachkraft für Schutz und Sicherheit:

Abschlussprüfung (Teil 1)
- Situationsgerechtes Verhalten und Handeln
- Anwendung von Rechtsgrundlagen für
Sicherheitsdienste

Abschlussprüfung (Teil 2)
- Konzepte für Schutz und Sicherheit
- Wirtschafts- und Sozialkunde

Meine schriftliche Abschlussprüfung

lief erwartungsgemäß recht unspektakulär ab.
Ich bin damals wie heute fest davon überzeugt,
dass jeder halbwegs klar denkende Mensch,
der die deutsche Sprache ausreichend genug
beherrscht, diese Ausbildung mit einem Funken
Ehrgeiz und einem noch größeren Funken
Gelassenheit problemlos bestehen kann.
Wahrscheinlich ist so gut wie jede andere
dreijährige staatlich anerkannte Ausbildung
deutlich schwieriger zu meistern.

Ich persönlich empfehle jeder zukünftigen Fachkraft **(möge Gott ihrer armen Seele gnädig sein),** sich ganz einfach das Buch:

- **Fachkraft/Servicekraft für Schutz und Sicherheit: Wissensbasis für Ausbildung und Beruf** (Fachkompetenzbuch)"

- **Fachkraft für Schutz und Sicherheit: So meistern Sie das Sicherheitskonzept für die Abschlussprüfung:**

- **Die Vollständige „Gesetzessammlung" für die Sachkundeprüfung nach § 34a GewO; GSSK; Fachkraft für Schutz und Sicherheit"**

zu organisieren!

Es ist ratsam, immer wieder über den Tag hinweg entspannte 30 bis 60 Minuten ohne jegliche Störungen oder Unterbrechungen zu lernen und dabei eigene Notizen anzufertigen. Sollten die gegebenen Umstände dies erlauben, kann dieser Prozess selbstverständlich auch gerne bereits während des Dienstes am Objekt vollzogen werden.

Es geht hierbei jedoch keinesfalls darum, sich jeden einzelnen Tag so viele Informationen wie möglich mit aller Gewalt in den Kopf zu hämmern, sondern über einen längeren Zeitraum gesehen effizient zu lernen.

Ungefähr ein bis maximal drei Wochen vor den jeweiligen Prüfungen kann die Intensität dann nach individuellem Bedarf natürlich noch etwas weiter angehoben werden.

Viele der vor-kommenden Fragen und Aufgaben während der schriftlichen Prüfungen waren in meiner persönlichen Wahrnehmung völlig selbsterklärend und in einigen Fällen bereits schon mit rein logischem gesunden Menschenverstand problemlos zu meistern.

Bei "Recht & Wirtschaft"
wird erfahrungsgemäß bei den meisten Azubis die größte Problematik verborgen liegen, wobei der Wirtschaftsanteil bei der letztendlichen Gesamtbenotung glücklicherweise keinen allzu hohen prozentualen Anteil einnimmt.

Für Recht kann ich lediglich den allgemeinen Ratschlag erteilen, sich zunächst einmal völlig darauf zu fokussieren, die prüfungsrelevanten Bereiche aus dem Grundgesetz, StGB und BGB überhaupt erstmal richtig zu begreifen und problemlos in eigenen Worten wiedergeben zu können.

Mein mündlicher (praktischer) Teil der
Abschlussprüfung zur Fachkraft für Schutz
und Sicherheit:

Das Sicherheitskonzept:

Einige Zeit vor unserer mündlichen
Abschlussprüfung erhielten wir Azubis
Alle (per Einschreiben) eine "fiktive
Angebotsanfrage" eines "fiktiven Kunden",
die uns letztendlich dazu dienen sollte,
uns vorab auf die bevorstehenden Prüfungs-
gegebenheiten vorbereiten zu können.

In dem Kundenschreiben selbst ging es um
die Bewachung eines größeren Areals, auf dem
sich mehrere Lagerhallen mit wertvollem Inhalt
befanden, die es zu schützen galt.

Der Kunde wollte nun genauestens in Erfahrung
bringen, ob es in diesem Fall sinnvoller wäre,
Revierfahrer einzusetzen oder Mitarbeiter vor
Ort zu haben, wo jeweils die Vor- und Nachteile
liegen, welche sinnvollen Alternativen es noch
gibt und dass vorab bereits eine möglichst
genaue Kostenkalkulation aufgestellt wird.

Am Ende des Briefes luden sie mich dann schließlich noch zu einem persönlichen Kennenlernen ein, was dann natürlich gleichbedeutend als Prüfungstermin zu verstehen war.

Für den mündlichen Prüfungsteil "Das Sicherheitsorientierte Kundengespräch" bestanden folgende Vorgaben:

- *Ausgehend von dem jeweils erstellten Sicherheitskonzept soll mit dem Prüfling eine authentische Gesprächssimulation durchgeführt werden...*

- *Der Prüfling soll sein Sicherheits- konzept vorstellen, die Vor- bzw. Nachteile gegenüber alternativen Lösungsansätzen aufzeigen sowie Sicherheitsleistungen qualitätssichernd organisieren können, um somit nachzuweisen, dass er als zukünftige Fachkraft auch tatsächlich kunden- und serviceorientiert handeln und kommunizieren kann.*

Zunächst einmal wurde ich gemeinsam mit dem Azubi "Private Paula" (was für ein Zufall) in einen kleinen Raum gebeten, wo wir nun unter der Obhut einer wachsamen Aufsichtsperson (soweit ich mich erinnern kann) noch 20 oder 30 Minuten Zeit hatten, uns auf unsere Prüfung mental vorzubereiten.

Nach Ablauf der Vorbereitungszeit und dem endgültigen Einlass zum Prüfungsausschuss saßen die jeweiligen vier Mitglieder wie die Jury von "Deutschland sucht den Superstar" nebeneinander sitzend gegenüber, während man selbst jedoch vor ihnen stand.

Ein vom Alter her noch etwas jüngerer Kerl (der mich von Beginn an völlig ignorierte und stattdessen lieber konzentriert mit seinem Smartphone zugange war), zwei bereits ältere Herren und ein Mann mittleren Alters schauten mich augenscheinlich schon etwas müde und ausgelaugt an.

Ich begrüßte sie zunächst freundlich und gab jedem Einzelnen die Hand. Als es dann schließlich losging, war es tatsächlich in etwa so, wie ich es mir zuvor vorgestellt hatte. Letztendlich lief es nämlich wirklich "in etwa" genauso ab wie ein reales Kundengespräch...

Ich sprach mit ihnen zunächst über die allgemeinen Gegebenheiten ihres Auftragwunsches, erläuterte ihnen sowohl meine persönliche Beurteilung als auch Empfehlungen und wog für sie die Vor-sowie Nachteile ab, die Revierfahrer und feste Mitarbeiter vor Ort jeweils mit sich brachten. Natürlich erfolgte dann noch eine detaillierte Übersicht der Kostenkalkulation und zu guter Letzt stellte ich mich dann auch noch ihren allgemeinen Fragen.

Abgesehen davon, dass der jüngere Kerl mir durchgehend keinerlei Beachtung entgegenbrachte und vermutlich auf seinem Smartphone konzentriert einen Boxkampf, ein Fußballspiel oder Porno anschaute, verlief soweit alles recht solide, auch wenn ich mich bei zwei der gestellten Fragen zugegebenermaßen äußerst dämlich angestellt habe. xD

1. Frage: *Wie können wir als Kunde und Sie als Arbeitgeber wirklich sicher darüber sein, dass der jeweilige Sicherheitsmitarbeiter auch tatsächlich seine ihm aufgetragenen Kontrollgänge geleistet hat?*

Meine Antwort: Wir bringen überall auf dem Gelände **Deisterpunkte** an, die der Mitarbeiter dann anlaufen und mit einem **Deistergerät** einlesen muss. Dies dient dann als legitimierter Nachweis für die erbrachte Dienstleistung.

Eigentlich gewünschte Antwort:
"*Wächterkontrollsystem / *Kontrollpunkte"
"Deister" ist lediglich ein bekannter Hersteller solcher Systeme!

2. Frage: *Welche spezifische Art von Umzäunung empfehlen Sie, wenn es kostengünstig, flexibel und schnell gehen soll?*

Meine Antwort: Keine Ahnung, was in dem Moment genau mit mir los war, aber ich erzählte ihnen daraufhin gefühlt alles Mögliche über Zäune – von "Übersteigschutz" bis "Untergrabschutz" war wirklich alles dabei, nur natürlich nicht das Offensichtlichste, was sie eigentlich als Antwort hören wollten.

Eigentlich gewünschte Antwort:
"Mobiler Bauzaun"... **(HaHa, da muss ich heute noch immer drüber lachen)**

Nachdem ich am Ende mit mehr Punkten als gefordert bestanden und den Raum endlich wieder verlassen hatte, muss ich zugeben, dass ich trotz meiner natürlichen Gelassenheit dennoch ein gewisses Gefühl der Erleichterung verspürt habe.

Ich weiß noch ganz genau, wie mir daraufhin plötzlich der Gedanke durch den Kopf schoss: "Jetzt muss ich nur noch meinen Führerschein hinter mich bringen und habe endlich Ruhe vor solchen Dingen!"

Die Zeit nach dem Bestehen der Ausbildung

Da mir von meinem Arbeitgeber (dieser kleine Sektenverein) bereits ein Jahresvertrag zugesichert worden war, gönnte ich mir zunächst einmal einen ganzen Monat lang eine ausgiebige und erholsame Auszeit als Belohnung fürs Bestehen der Ausbildung. ;)

Es ist eigentlich fast schon traurig, dass man, nachdem man nun bereits drei Jahre lang als Auszubildender gnadenlos ausgenutzt worden war, lediglich einen Jahresvertrag angeboten bekam, der auch noch frecherweise mit sechs Monaten Probezeit verbunden war. Zu allem Überfluss konnten (oder wollten) sie mir dann auch noch nicht einmal im Ansatz so etwas wie eine richtige Fachkraftstelle anbieten, sodass ich trotz dreijähriger Fachkraft-Ausbildung lediglich **9,80 € die Stunde** ausgezahlt bekam!

Während dieses Jahres verheizten sie mich und mein Privatleben Monat für Monat mit zumeist **230 Stunden** an Objekten, die ich bereits als Auszubildender kennengelernt hatte.

Da ich diese Standorte schon kannte, musste ich dort auch nicht mehr eingewiesen werden.

Zum Ende dieses Jahres entwickelte sich jedoch glücklicherweise durch private Gegebenheiten die Situation, dass ich in eine andere Stadt umziehen wollte, wo sie aktuell eh kein passendes Objekt mehr für mich hatten. So ließen wir den Jahresvertrag ganz einfach gegenseitig auslaufen.

Meine Zeit als "Ordner" im Fußballstadion:

Zu meiner einjährigen Tätigkeit innerhalb mehrerer Erstliga-Stadien gibt es eigentlich nichts sonderlich Glorreiches zu berichten. Ich konnte mit Fußball persönlich leider tatsächlich noch nie so richtig etwas anfangen, was das Ganze natürlich auch noch zusätzlich etwas weniger attraktiv für mich machte.

Den Job selbst übte ich wiederum für eine kleine "popelige Sicherheitsfirma" aus, die sich in der Nähe meines neuen Wohnortes befand. Innerhalb des gesamten Betriebes schien ich tatsächlich weit und breit die einzige "Fachkraft" zu sein! **Der Chef musste sogar jedes Mal laut lachen, wenn ich ihn "gesiezt" hatte – so etwas war er überhaupt nicht gewohnt. xD**

Die meisten der dort tätigen Angestellten hatten in Wahrheit noch nicht einmal die Unterrichtung nach Paragraph 34a absolviert und waren allesamt ohne Zweifel eher dem asozialeren Klientel zuzuordnen.

Der ganze Laden wurde mit Sicherheit auch bereits zu diesem Zeitpunkt von allerlei zuständigen Behörden wegen **Erpressung, Schwarzarbeit, Geldwäsche, Steuer-hinterziehung** und zahlreicher anderer krimineller Machenschaften intensivst observiert und deutlich später (nach meiner Zeit) durch eine groß angelegte Razzia hochgenommen!

Im Grunde ließ ich mich damals überhaupt nur auf diesen Minijob ein, **damit mir das Arbeitsamt für eine Weile nicht ganz so arg auf die Nerven ging... ;)**

Der Einlass / Die Personenkontrolle (PK)

an den Eingängen der Stadien war für mich persönlich stets eine absolute Tortur und wurde sowieso – aufgrund der nicht vorhandenen fachmännischen Schulung / Einweisung – weder von mir noch irgendeinem anderen der dort tätigen Kollegen jemals auch nur im Ansatz richtig ausgeführt. Mitglieder der **Hells Angels oder Bandidos** wurden zudem auf Anordnung überhaupt nicht abgetastet und sogar separiert über einen gesonderten Eingang hineingelassen!

Abgesehen davon stand man ansonsten immer wie ein **"Sack Kartoffeln"** entweder vollkommen sinnlos in der Nähe des Spielfeldrandes (zumindest als Nicht-Fußball-Fan), auf den Besucherparkplätzen, irgendwo vor bzw. innerhalb des Stadions oder an den nahegelegenen Haltestellen der öffentlichen Verkehrsmittel, wo all die Fans mit Bus und Bahn ankamen. **Eine wirkliche Funktion hatte man dabei jedoch nicht, außer halt irgendwo blöd in der Gegend rumzustehen und dabei einen halbwegs guten Eindruck zu hinterlassen.**

Man wäre auch sicherlich schön bescheuert gewesen, wenn man für die mickrigen **6-7 €**

pro Stunde netto, die man auf die Hand bekam (und ohne jegliche vorhandene persönliche Schutzausrüstung), unbedingt den "Helden" spielen wollte, während parallel natürlich immer deutlich besser bezahlte und ausgestattete (organisierte) Hundertschaften der Polizei vor Ort gewesen sind!

Als ich dann nach einem Jahr schließlich vom Arbeitslosengeld 1 auf Hartz 4 eingestuft werden sollte und mir ein neuer zuständiger Sachbearbeiter beim Amt zugeteilt wurde, der mir direkt massiv Druck machte, wechselte ich zügig wieder Vollzeit zu einer größeren und seriöseren Sicherheitsfirma im Bereich des klassischen Werkschutzes zurück.

Neue Firma - Neues Objekt - Neues Glück?

Objekt: Betriebsgelände eines Mineralölhandelsunternehmens

Das Unternehmen gehört wahrscheinlich zu den Weltmarktführern im Bereich des Transports sowie der Logistiklösung von Flüssiggütern aus der Lebensmittel-, Gas-, Mineralöl- und chemischen Industrie.

Tätigkeit: Pforte / Werkschutz

Leider handelte es sich bereits wieder um eines dieser zahlreichen Objekte, bei denen es um alles andere ging als wirkliche Sicherheit.

Der Dienst an der Pforte selbst war immer von Montag bis Freitag von 22:00 bis 06:00 Uhr angesetzt, am Wochenende und an Feiertagen von 06:00 bis 18:00 Uhr bzw. 18:00 bis 06:00 Uhr. Unter der Woche war die Pforte tagsüber seitens des Kunden überhaupt nicht besetzt! Das Tor und die beiden Schranken blieben somit über einen langen Zeitraum von 16 Stunden einfach durchgehend offen **#TagDerOffenenTür.**

Und das natürlich nur, um ein paar Euro an Personalkosten zu sparen! Wirklich äußerst verrückt das Ganze...

Zu unseren Hauptaufgaben gehörte es, mit einem uralten, bereits total verrosteten roten Schrottfahrrad pro Schicht mehrfach über das Betriebsgelände verschiedene allgemeine Kontrollpunkte anzufahren und das Areal auf irgendwelche Auffälligkeiten zu begutachten.

Hier und da musste man natürlich auch immer wieder eines der kleineren Gebäude oder Hallen von innen durchlaufen, wo gefühlt überall gleichermaßen ein äußerst stechender chemischer Geruch in der Luft lag.

Der eigentliche Fokus lag jedoch auf den sogenannten Heizbereichen des Geländes, wo die unterschiedlichsten Arten an Stoffen in speziellen Containern entweder elektrisch oder mit heißem Dampf auf eine jeweils gewünschte Temperatur aufgeheizt und gehalten werden sollten.

Unsere Aufgabe war es nun, mithilfe einer dafür vorgesehenen dicken schwarzen Mappe (Ordner) jeden einzelnen dieser am Heizsystem angeschlossenen Container zunächst auf

131

dem Gelände zu suchen **(während des Winters bis zu 80 Stück)** und dann in regelmäßigen Abständen die dort aktuell herrschende Temperatur in einem speziellen Dokument mitsamt einer Unterschrift nachzuweisen und falls nötig die Intensität des Systems eigenständig zu regulieren.

Der große Witz an dem Ganzen lag jedoch in zwei gravierenden Umständen verborgen:

*1. Die zu kontrollierenden Container waren aus logistischen Gründen häufig mehrfach aufeinander gestapelt (bis zu vier Stück), sodass man förmlich dazu gezwungen war, **eine schon fast lachhaft überdimensionierte schwere Leiter** ständig zu den zahlreichen Containern hin- und herzuschleppen und dort dann letztendlich hinaufzuklettern, um die jeweiligen Temperaturen an den stets viel zu kleinen digitalen Anzeigen überhaupt richtig ablesen zu können.*

Und das, obwohl man aufgrund der Einzelposition noch nicht einmal einen Kollegen dabei hatte, der einen im Notfall hätte absichern oder nach einem Sturz helfen können!

2. Die internen Mitarbeiter des Unternehmens, für das wir dort im Auftrag tätig waren, hatten anscheinend andauernd Mist gebaut und die ihnen anvertrauten wertvollen Produkte ihrer eigenen Kunden beschädigt bzw. vollständig ruiniert, weil sie entweder ständig vergessen hatten, diese rechtzeitig zu heizen, oder die Container weit über ihre maximale Produkttemperatur hinaus beheizt worden waren!

Zu Punkt 1 wurde uns dann irgendwann ganz lässig gesagt, dass wir die Temperaturen der oberen Container halt lediglich grob abschätzen sollten (Fälschung von Dokumenten!), wenn es uns doch zu gefährlich sei, dort hochzuklettern. Und das, obwohl man ohne diese Leiter von unten betrachtet noch nicht einmal im Ansatz etwas ablesen konnte!

Bei Punkt 2 verlief das Ganze dann stets so, dass wir von dem für diesen Bereich zuständigen Chef klare, präzise Anweisungen bekamen, wie wir die Temperaturen der durch seine Leute verhunzten Produkte weiter aufzuschreiben hatten **(Fälschung von Dokumenten!)**, damit der betrogene Kunde am Ende möglichst wenig Hinweise über das Versagen der Dienstleistung erhielt und dementsprechend auch weiterhin ahnungslos blieb!

Mein heutiges Objekt –
"Eine Daily-Drama-Serie"?

Aus persönlichen Gründen möchte ich über das Objekt, an dem ich nun bereits seit gut einem Jahrzehnt tätig bin, keine allzu großen Worte verlieren.

Dieses Kapitel, das bis dato umfangreichste und mit Abstand skurrilste, hebe ich mir lieber für einen hoffentlich irgendwann einmal in der Zukunft erscheinenden zweiten Teil auf. Anders wäre es sicherlich auch nicht möglich, dem dort von mir in all den Jahren durchlebten Wahnsinn tatsächlich gerecht zu werden.

Ähnlich einer nie enden wollenden Seifenoper wie **"GZSZ"** oder **"Unter uns"** erlebe ich dort nun schon seit zehn Staffeln einen Laden voller facettenreicher, sich vereinzelt immer wieder wechselnder "Schauspieler", die allesamt untereinander in zahlreiche unterschiedlichste Handlungsstränge verwoben sind.

Einige dieser Handlungsstränge sind voller Humor, lauter Intrigen, überraschender Wendungen und vereinzelter höchst dramatischer Highlight-Folgen, die regelmäßig für äußerst skurrile Unterhaltung sorgen.

Wer die US-amerikanische Sitcom **"Superstore"** bzw. die deutsche Mockumentary-Serie **"Die Discounter"** bereits gesehen hat, kann sich vielleicht in etwa vorstellen, wie es bei uns abläuft. **"Ein Käfig voller Helden."**

Der tägliche Wahnsinn an diesem Objekt gleicht einem Mikrokosmos der gesamten Sicherheitsbranche. Hier treffen die unterschiedlichsten Charaktere aufeinander, jeder mit seiner eigenen Geschichte, seinen eigenen Macken und seinen eigenen Geheimnissen.

Von Kollegen, die jeden Tag wie ein neues Abenteuer angehen, bis hin zu jenen, die sich nur noch apathisch durch den Tag schleppen – die Vielfalt ist beeindruckend und manchmal auch erschreckend.

Eine der vielen faszinierenden Persönlichkeiten ist unser Objektleiter, der stets einen Hauch von Überheblichkeit und Dramatik versprüht. Seine täglichen Monologe darüber, wie er den Laden zusammenhält, sind ebenso legendär wie seine

Fähigkeit, bei jedem kleinen Zwischenfall sofort in einen Krisenmodus zu verfallen. Wenn man ihn beobachtet, könnte man fast glauben, er sei der einzige Mensch auf der Welt, der jemals einen Feueralarm erlebt hat.

Dann gibt es da noch die langjährigen Kollegen, die mit ihrer stoischen Ruhe und ihrem fundierten Wissen jede Herausforderung meistern – oder zumindest so tun, als ob. Einer von ihnen, hat stets eine Geschichte parat, die ihn in einem besseren Licht erscheinen lässt, egal wie unglaubwürdig sie auch sein mag.

Doch nicht alle Geschichten sind heiter. Es gibt auch die stillen Dramen, die sich im Hintergrund abspielen. Kollegen, die mit persönlichen Problemen kämpfen, sich aber dennoch jeden Tag zur Arbeit schleppen, weil sie keine andere Wahl haben. Die unsichtbaren Konflikte, die unterschwellig brodeln und manchmal in plötzlichen, unerwarteten Explosionen der Frustration enden.

Was dieses Objekt so einzigartig macht, ist die Dynamik zwischen den Mitarbeitern und den alltäglichen Herausforderungen, die wir meistern müssen.

Ob es der Umgang mit schwierigen Kunden, die Bewältigung technischer Pannen oder das Navigieren durch die bürokratischen Tücken unserer Firma ist – jeder Tag bringt neue Überraschungen und Herausforderungen mit sich.

Der Humor kommt dabei nie zu kurz. Von absurden Dienstanweisungen, die niemand versteht, über verrückte Zwischenfälle, die in keinem Handbuch stehen, bis hin zu den täglichen kleinen Missgeschicken, die uns allen passieren – das Leben hier ist oft skurriler als jede Sitcom. Es sind diese Momente, die uns zusammenschweißen und dafür sorgen, dass wir trotz aller Widrigkeiten immer wieder lachen können.

In der Summe ist dieses Objekt nicht nur ein Arbeitsplatz, sondern eine Bühne, auf der das Leben in all seinen Facetten gespielt wird. Eine Bühne, auf der ich seit einem Jahrzehnt mitspiele und die mir, bei all ihrem Wahnsinn, auch ans Herz gewachsen ist.

Es ist eine Geschichte, die es wert ist, erzählt zu werden – aber eben zu einem späteren Zeitpunkt, in einem hoffentlich

irgendwann einmal erscheinenden **zweiten Teil.**
Bis dahin bleibt sie mein kleines, skurriles
Geheimnis.

Jeder Tag an diesem Objekt bringt eine neue
Episode mit sich, gespickt mit unerwarteten
Wendungen. Sei es der Kollege, der plötzlich
beschließt, dass er heute als **"Sicherheits-
Cowboy"** auftreten muss, komplett mit Hut
und Spielzeugpistole, oder die alarmierenden
Situationen, die sich am Ende als harmlose
Missverständnisse herausstellen – Langeweile
kommt hier nie auf. Manchmal frage ich mich,
wie es überhaupt möglich ist, dass eine solche
Ansammlung von eigenwilligen Charakteren an
einem Ort zusammenarbeiten kann.

Unsere Gespräche gleichen oft einer
Therapiesitzung, in der jeder seine Erlebnisse
und Frustrationen teilen kann. Es sind diese
Momente des Zusammenhalts und des
gemeinsamen Lachens, die uns alle irgendwie
weitermachen lassen, trotz der Absurditäten
und Herausforderungen, die dieser Job mit sich
bringt.

Am Ende des Tages, wenn ich zurückblicke, sehe
ich nicht nur die täglichen Herausforderungen

und den Stress, sondern auch die einzigartigen Erlebnisse und die Bindungen, die ich mit meinen Kollegen geknüpft habe.

Dieses Objekt ist mehr als nur ein Arbeitsplatz; es ist ein Mikrokosmos des Lebens selbst, in dem jeder Tag eine neue, unvorhersehbare Geschichte mit sich bringt. Und obwohl ich oft über den Wahnsinn lache, den ich hier erlebe, weiß ich, dass diese Geschichten es wert sind, eines Tages ausführlich erzählt zu werden.

Unterschiedliche Arten
an Objekten

1. Wenig Arbeit / Verantwortung, aber geringer Stundenlohn:

Unabhängig davon, welche persönliche Qualifikation man besitzt – sei es Meister, Fachkraft, Servicekraft, GSSK oder § 34a – die meisten auf dem Markt verfügbaren Objekte bzw. Tätigkeiten, die durch Sicherheitsfirmen angeboten werden, sind größtenteils einfach, mit wenig Verantwortung und geringem Arbeitsaufwand.

Der größte Nachteil liegt jedoch im stets geringen Stundenlohn, der nur minimal über dem Mindestlohn liegt.

Dies ist besonders nachteilig für diejenigen, die aufgrund privater Umstände, gleich welcher Art, hohe monatliche Kosten zu begleichen haben. Sie sind daher gezwungen, jeden Monat aufs Neue 230+ Stunden zu arbeiten, um zumindest halbwegs über die Runden zu kommen oder einen gewissen Mindeststandard in ihrem Leben zu halten.

Das bedeutet, dass sie kaum Freizeit haben und ihre körperliche und geistige Gesundheit oft auf der Strecke bleibt. Der Stress und die Belastung können zu ernsthaften gesundheitlichen Problemen führen, die die Arbeit weiter erschweren.

Diese Art von Objekten ist hingegen bestens geeignet für Rentner, Studenten, Ehefrauen und alleinerziehende Mütter, die sich nebenbei ein paar Euro dazuverdienen möchten, oder für Menschen, die generell mit wenig bereits zufrieden sind. Rentner, die eine zusätzliche Einnahmequelle suchen, um ihre Rente aufzubessern, finden in solchen Positionen eine oft willkommene Beschäftigung, die sie nicht überfordert.

Studenten können durch diese Jobs ihr Studium finanzieren, ohne dass ihre akademische Leistung darunter leidet. Ehefrauen und alleinerziehende Mütter, die flexible Arbeitszeiten benötigen, um Familie und Beruf unter einen Hut zu bringen, profitieren ebenfalls von diesen Stellen.

Solltest du grundsätzlich keine Lust auf "richtiges Arbeiten" haben und ein Umfeld suchen, das minimalen Aufwand bei minimalem

Lohn bietet, könnte das ebenfalls etwas für dich sein. Hierbei kannst du den Vorteil genießen, dass du in der Regel nicht viel Verantwortung trägst und oft Zeit hast, dich anderen Dingen zu widmen – sei es durch das Lesen von Büchern, das Surfen im Internet oder einfach durch das Genießen von Ruhe und Entspannung während der Schichten.

Diese Positionen bieten dir die Möglichkeit, Geld zu verdienen, ohne dich dabei körperlich oder geistig zu verausgaben. Allerdings sollte man auch bedenken, dass diese Jobs langfristig keine großen Karrieremöglichkeiten bieten und man sich in einem Umfeld bewegt, das wenig herausfordernd ist. Wenn du also ambitioniert bist und nach mehr Verantwortung und höheren Verdienstmöglichkeiten strebst, solltest du dich vielleicht nach anderen Optionen umsehen.

2. Viel Arbeit / Verantwortung, aber dennoch geringer Stundenlohn:

Diese Art von Objekten ist das genaue Gegenteil der zuvor beschriebenen.
Hier hat man viel Arbeit, viel Verantwortung und dennoch eine äußerst mickrige Entlohnung.
Da ich persönlich nicht einmal meinem schlimmsten Feind solch ein Objekt empfehlen

könnte, rate ich hier deutlich davon ab, sich auf solch eine wahnwitzige Ausbeutung langfristig einzulassen. Schließlich bin ich nicht im Sicherheitsgewerbe, um plötzlich richtig arbeiten zu müssen und eventuell sogar noch ins Schwitzen zu geraten, erst recht nicht für eine unfaire, geringe Bezahlung.

In solchen Objekten sind die Anforderungen hoch: Lange Schichten, ständige Wachsamkeit und die Verantwortung für wertvolle Güter oder gefährdete Personen. Häufig sind es Baustellen, Einkaufszentren oder große Industrieanlagen, die rund um die Uhr bewacht werden müssen. Trotz der hohen Verantwortung und des erheblichen Arbeitsaufwands bleibt die Bezahlung oft enttäuschend gering, was die Motivation und Arbeitsmoral erheblich beeinträchtigen kann.

Die Arbeitgeber setzen oft voraus, dass man sich in Notsituationen schnell und korrekt verhält, Risiken richtig einschätzt und jederzeit bereit ist, zusätzliche Aufgaben zu übernehmen – sei es die Protokollierung von Vorfällen, die Wartung von Sicherheitssystemen oder die Durchführung von Kontrollrundgängen. Hinzu kommt, dass man oft mit unvorhersehbaren Situationen konfrontiert wird, die ein hohes Maß an

Flexibilität und Stressresistenz erfordern. Doch all diese Anforderungen spiegeln sich selten in der Entlohnung wider.

Für Menschen, die von Mutter Natur mit einem arg ausgeprägten masochistischen Drang bestraft worden sind, könnte dies vielleicht genau das Richtige sein. Solche Personen finden vielleicht eine eigenartige Befriedigung in der Herausforderung und dem Druck, die diese Jobs mit sich bringen. Sie könnten den Reiz darin sehen, ständig gefordert zu sein und sich beweisen zu müssen – auch wenn die finanzielle Anerkennung fehlt.

Für alle anderen gilt jedoch: **Finger weg!**

Die langfristigen Auswirkungen auf die physische und psychische Gesundheit sind es einfach nicht wert. Wer ständig überarbeitet und unterbezahlt ist, läuft Gefahr, in ein Burnout zu geraten oder andere ernsthafte Gesundheitsprobleme zu entwickeln. Es gibt viele andere Berufe, in denen harte Arbeit und Verantwortung angemessen honoriert werden, und es lohnt sich, nach diesen Möglichkeiten zu suchen, anstatt sich in einem unterbezahlten und überfordernden Job aufzureiben.

-

3. Hoher Stundenlohn trotz wenig Arbeit / Verantwortung:

Der absolute Jackpot. Was will man mehr als ein Objekt oder eine Tätigkeit, bei der man trotz geringen Arbeitsaufkommens und wenig Verantwortung dennoch einen hohen Stundenlohn ausgezahlt bekommt, mit dem man auch tatsächlich etwas anfangen kann, statt von einem zum nächsten Monat gerade so zu überleben?

Solche Objekte sind empfehlenswert für alle mit einem gesunden Menschenverstand. Der hohe Stundenlohn ermöglicht es, weniger zu arbeiten und dennoch ein komfortables Leben zu führen. Die Aufgaben in diesen Positionen sind oft einfach und erfordern wenig Anstrengung, was dazu beiträgt, dass man sich auf andere Aspekte des Lebens konzentrieren kann, sei es die Familie, Hobbys oder die persönliche Weiterbildung.

Einziger Nachteil ist, dass solche Objekte in der Regel eine absolute Rarität darstellen. Man braucht zumeist mindestens die GSSK-Qualifizierung oder gar höher, und aufgrund des Umstands, dass alle dort tätigen Kollegen etwas zu verlieren haben, entstehen nicht selten recht zügig Probleme innerhalb des Teams selbst. Konkurrenzdenken und Missgunst sind hier oft an der Tagesordnung, was das Arbeitsklima belasten kann.

4. Hoher Stundenlohn aber auch jede Menge Arbeit / Verantwortung:

Abgesehen vom hohen Stundenlohn das genaue Gegenteil der zuvor beschriebenen Objekte. Viel Geld, aber auch viel Arbeit sowie Verantwortung gleichermaßen.

Empfehlenswert für alle Menschen mit passender Qualifizierung, die entweder gerade nichts Besseres finden und dennoch das Bedürfnis nach viel Geld verspüren, oder für arbeitsfreudige Personen, die innerhalb dieser Branche **ihre wahre Bestimmung** gefunden zu haben scheinen.

Unterschiedliche Arten
an Objektleitern

• Der Arbeitsverweigerer

Objektleiter, die aus Gründen wie totaler
Inkompetenz oder grenzenloser Faulheit dazu
neigen, zwar alles Mögliche am Objekt zu tun,
nur nicht das, wofür sie ursprünglich eingestellt
und selbstverständlich auch bezahlt werden.

Diese Vorgesetzten suchen sich je nach Größe
des Objektes eine Handvoll halbwegs guter
Mitarbeiter (mit in der Regel schwachem
Selbstwertgefühl), von denen sie überzeugt sind,
dass sie ihnen zukünftig nützlich dabei werden
könnten, ihre anfallenden Arbeiten zu erledigen.

Aufgaben der hauseigenen persönlichen Lemminge:

- *Dienstanweisungen schreiben und/oder auf
  dem aktuellen Stand halten- Dienstpläne
  erstellen/ändern und auf dem aktuellen
  Stand halten*

- *Die Urlaubswünsche und -anträge der
  Mitarbeiter koordinieren und digital einpflegen*

- *Die Schichten ausgefallener Mitarbeiter
  (beispielsweise aufgrund von Krankheit)
  durch andere Angestellte neu besetzen*

- *Texte (z.B. für E-Mails) vorschreiben oder vollständig im Auftrag des Objektleiters verfassen und verschicken- Stellvertretend für den Objektleiter unangenehme Anrufe tätigen oder Gespräche führen*

- *Stellvertretend für den Objektleiter Mitarbeiter tadeln und disziplinieren*

- *Den Objektleiter stets bequem von A nach B kutschieren und/oder ihn gefühlt sogar zum Hintern abwischen begleiten*

- *Den Objektleiter auf seinen Wunsch hin immer wieder mit Dingen wie Essen (z.B. Brötchen), Trinken (z.B. Kaffee) oder sonstigen Utensilien wie Zigaretten versorgen. In manchen Fällen sogar mit der eigenen Ehefrau, wie man munkelt*

- **Der mit Vitamin-B**

Objektleiter, die ihren Posten lediglich aufgrund privater Beziehungen gegenüber dem Arbeitgeber bzw. dem Kunden erhalten haben.

Diese Vorgesetzten zeichnen sich meistens dadurch aus, dass sie ein selbstbewusstes Auftreten an den Tag legen, immer noch höher hinaus wollen, aber dadurch zeitgleich auch relativ schnell wieder tief fallen können.

Je nach persönlichem Können und dem Grad ihrer "Connections" sind sie dennoch stets mit Vorsicht zu genießen und können unter besonderen Umständen nur schwerlich gestürzt werden!

Charakteristische Merkmale:

- *Selbstbewusstes Auftreten, oft mit einem Hauch von Arroganz*
- *Starke Fokussierung auf Networking und Beziehungen*
- *Geringes Fachwissen, das durch Beziehungen kompensiert wird*
- *Häufige Teilnahme an Firmenevents und sozialen Anlässen, um Beziehungen zu pflegen*
- *Neigung, Probleme zu ignorieren oder zu verschleiern, um das eigene Ansehen nicht zu gefährden*

• Der mit dem Gott-Komplex

Objektleiter, die der Meinung sind, dass sie selbst so etwas wie Zeus höchstpersönlich darstellen, aber wahrscheinlich zu Hause nichts zu sagen haben und als Kinder sicherlich häufiger zu heiß gebadet wurden.

Diese Vorgesetzten sind durchdrungen von Psychosen, Komplexen, innerlichen Selbstzweifeln, mangelndem Selbstwertgefühl, fehlender Reflexion und dem anscheinend nie

wirklich enden wollenden Drang, sich äußerlich
so perfekt wie möglich in Szene zu setzen.

Der Vorteil ist, dass sich solche Kandidaten
oftmals mit der Zeit von ganz alleine entlarven
und sich relativ schnell unbeliebt machen bzw.
viele Feinde gewinnen.

Charakteristische Merkmale:

- *Übertriebenes Selbstbewusstsein,
  das oft in Arroganz übergeht*
- *Neigung zu dramatischen und
  autoritären Entscheidungen*
- *Fehlende Selbstreflexion und Unfähigkeit,
  Fehler einzugestehen*
- *Starke Tendenz zur Selbstdarstellung
  und Selbstinszenierung*
- *Konflikte und Spannungen im Team
  aufgrund des autoritären Führungsstils*

• Der Überforderte

Objektleiter, die aufgrund ihrer eigenen stark
ausgeprägten Inkompetenz ständig mit allen
möglichen anfallenden Situationen maßlos
überfordert sind und daher besser in einer
Pforte geblieben wären.

Diese Vorgesetzten sind recht unberechenbar
einzustufen. Der ständig auf sie einwirkende
Stress sowie die bitterliche Tatsache, dass sie
das jeweilig Geforderte in Wahrheit überhaupt

nicht tatsächlich erbringen können, macht aus ihnen im Laufe der Zeit etwas vergleichbares wie ein **wildes Tier**, welches massiv in die Enge gedrängt wurde.

Am besten immer mehr als genügend Sicherheitsabstand einhalten und auf ihren baldigen Untergang hoffen, der selten lange auf sich warten lässt.

Charakteristische Merkmale:

- *Häufige Überforderung und Unsicherheit in Entscheidungssituationen*
- *Neigung zu hektischen und unüberlegten Handlungen*
- *Starke Abhängigkeit von Mitarbeitern, die die tatsächliche Arbeit erledigen*
- *Häufige Fehlentscheidungen und mangelnde Problemlösungsfähigkeiten*
- *Erhöhte Stresssymptome und gesundheitliche Probleme aufgrund der Überlastung*

• **Der Unsichtbare**

Objektleiter, die sich allein auf ihre wesentlichen Aufgaben konzentrieren **(Dienstpläne, Dienstanweisungen, Urlaubsregelung, allgemeine Anliegen des Kunden/der Mitarbeiter, Emails, usw.)** und zudem ein grundlegendes Vertrauen gegenüber ihrem Team an den Tag legen.

Diese Vorgesetzten scheinen begriffen zu haben, dass es keine Rolle spielt, ob sie ihre Mitarbeiter ständig unter Druck setzen und kontrollieren oder nicht.

Der Objektleiter ist nicht für die Inkompetenz bzw. fehlende Arbeitsmoral seiner Mitarbeiter verantwortlich und sollte nicht mit einem Babysitter verglichen werden. **Er schafft lediglich die Rahmenbedingungen!**

Neutralität, Objektivität, Vertrauen, Respekt und der Umgang mit Menschen gehören zu den essentiellen Bestandteilen einer guten Führung, wovon der Unsichtbare sicherlich einige sinnvoll erfüllen kann.

Charakteristische Merkmale:

- *Fokussierung auf administrative und organisatorische Aufgaben*
- *Grundlegendes Vertrauen in die Fähigkeiten und die Arbeitsmoral des Teams*
- *Wenig direkte Einmischung in die täglichen Abläufe und Aufgaben der Mitarbeiter*
- *Klare und transparente Kommunikation der Erwartungen und Ziele*
- *Hoher Grad an Professionalität und Fairness im Umgang mit Mitarbeitern*

• Der nette Kumpel von nebenan

Objektleiter, die in der Regel überraschend und oftmals auch irgendwie ungewollt durch unerwartete Umstände überhaupt erst an diese Position geraten sind, zuvor jedoch bereits aus dem eigentlichen Team stammten.

Diese Vorgesetzten haben es besonders schwer, da sie von heute auf morgen keine normalen Kollegen mehr sind, sondern plötzlich Vorgesetzte. Ein zumeist zum Scheitern verurteiltes Unterfangen, das oftmals zunächst gut beginnt, nur um dann schlussendlich in lauter einzelner Dramen katastrophal zu enden.

Charakteristische Merkmale:

- *Ursprünglich aus dem Team stammend und daher gut mit den Mitarbeitern vertraut*
- *Neigung, kollegiale und freundschaftliche Beziehungen aufrechtzuerhalten*
- *Schwierigkeiten, Autorität und Führungsrolle klar zu definieren*
- *Hohe Empathie und Verständnis für die Bedürfnisse und Probleme der Mitarbeiter*
- *Gefahr, aufgrund mangelnder Distanz und Professionalität ausgenutzt zu werden*

Unterschiedliche Arten an Kollegen

- **Der Frischling**

Der Frischling zeichnet sich durch seine naive Unwissenheit und völlig falschen Vorstellungen aus, was die gesamte Branche betrifft. Er wirft nicht selten mit Halbwissen um sich, zerbricht jedoch schnell an den realen Gegebenheiten. Anfangs oftmals noch äußerst motiviert, verfallen Frischlinge nach kurzer Zeit in rapide Stimmungsschwankungen, bis sie schließlich einen endgültigen Tiefpunkt erreichen. Frischlinge sind schwer einzuschätzen, da man nie genau weiß, ob sie tatsächlich so masochistisch veranlagt sind, auf lange Sicht im Sicherheitsdienst zu bleiben. Viele von ihnen verschwinden nach kurzer Zeit, sei es durch Krankheit oder weil sie einfach nicht mehr auftauchen.

- **Der Goofy**

Der Goofy gehört zu der Kategorie an Kollegen, für die das Wach- und Sicherheitsgewerbe förmlich geschaffen scheint. Goofys, egal ob männlich oder weiblich, zeichnen sich oft durch eine Entwicklungsverzögerung aus und haben nicht selten anderweitige Behinderungen oder auffällige Merkmale, die nicht der gesellschaftlichen Norm entsprechen. Komplexere Tätigkeiten sollten ihnen aufgrund von Vernunft nicht aufgebürdet werden, aber wohlbedacht eingesetzt, stellen sie durchaus verlässliche Kollegen dar.

- **Der Sheriff**

Der Sheriff gehört zu der Kategorie an Kollegen, die sich gerne als hohe Tiere bei der Bundeswehr, Polizei, Zoll oder zumindest dem Ordnungsamt gesehen hätten, es aber nur bis zum Wachmann geschafft haben. Sheriffs müssen nicht zwingend schlechte Kollegen sein, doch ihr Umgang mit Außenstehenden ist oft lächerlich und widerlich zugleich. Sie führen sich auf, als wären sie Gott, und nutzen jede Gelegenheit, um ihre symbolische Macht als Sicherheitsmitarbeiter zu demonstrieren. Bei Frischlingen kann man solches Verhalten vielleicht noch eine Zeit lang tolerieren, doch bei alten Hasen kenne ich keine Gnade.

- **Der Streber**

Der Streber unterscheidet sich vom Sheriff dadurch, dass es ihm nicht darum geht, sich vor anderen Menschen als krasser Sicherheits-mitarbeiter zu profilieren.

Streber beziehen ihr Selbstwertgefühl durch Lob und Anerkennung seitens des Kunden oder Vorgesetzten. Aufgrund dieser Sehnsucht, wahrscheinlich durch mangelnde Liebe und Zuneigung in der Kindheit oder einen lieblosen Partner, sind sie besessen davon, alles korrekt umzusetzen, was man ihnen aufträgt. In einem Umfeld, in dem die Arbeitsmoral der Kollegen eher durchschnittlich ist, kann ein Streber ausgesprochen nervig sein und zu ernsthaften Problemen führen. Noch schlimmer wird es, wenn es sich um einen selbstüberschätzenden Streber handelt, der in Wahrheit nichts taugt.

- **Der 110-Prozentige**

Der 110-Prozentige ist nicht einfach eine andere Umschreibung für den Streber, sondern eine ganz eigene Art. Diese Kollegen sind zwar verrückt in ihrer übertrieben korrekten Arbeitseinstellung, aber ansonsten großartige Mitarbeiter. Anders als der Streber sehnen sie sich weder nach Lob noch nach Anerkennung und versuchen ihren Wahnsinn auch nicht auf ihre Kollegen zu projizieren. Oft haben sie sogar eine Abneigung gegenüber ihrer eigenen Firma oder dem Kunden, agieren aber dennoch so gewissenhaft, als seien sie Herz- oder Hirnchirurgen.

- **Die Petze**

Die Petze gehört zu der widerwärtigen Sorte an Menschen, die jede Gelegenheit nutzt, um Kollegen beim Chef anzuschwärzen. Sie verpacken ihre Petzereien meist so, als wollten sie nur das Beste für alle, was natürlich Unsinn ist. Petzen hoffen, selbst besser dazustehen und von ihren eigenen Fehlern, wie ihrer Faulheit, abzulenken. Sie schrecken nicht davor zurück, perfide Inszenierungen, Manipulationen und Lügen anzuwenden. Das größte Problem ist, dass viele Vorgesetzte solch einen Kollegen zu ihrem persönlichen Haustier machen und ihn schützend ihre Hände halten, bis sie das Interesse an ihrem neuen Spielzeug verlieren.

- **Der ständig ausfallende Kollege**

Dieser Kollege verhält sich oft so, als wären seine Kollegen naive Vollidioten, denen man jede noch so auffällige Märchengeschichte auftischen kann. Er deutet seine baldigen Ausfälle oft vorher an, indem er Geschichten über kranke Kinder oder persönliche Notlagen erzählt, um dann plötzlich selbst krank zu werden oder zu Hause bleiben zu müssen. Manchmal beginnt das Schauspiel bereits kurz vor oder nach Dienstbeginn.

Nach seiner Rückkehr gibt es meist einen ausführlichen Bericht über seine schlimme Zeit. Man kann ihn entweder hassen oder respektieren, aber wer es schafft, jedes Jahr mehr freie Tage aufgrund von Krankheit zu haben als Urlaubstage, ohne ernsthafte Konsequenzen zu erfahren, verdient zumindest ein wenig Respekt.

- **Der allzu Gesprächige**

Der allzu gesprächige Kollege kann je nach Objekt und Tätigkeit sowohl Fluch als auch Segen sein. Ein Kollege, der sich ununterbrochen selbst reden hört und gerne Geschichten erzählt, ist nützlich, um die Zeit totzuschlagen, wenn man nicht einfach permanent am Smartphone oder PC hängen oder schlafen kann. Problematisch wird es, wenn einem der gesprächige Kollege nicht zusagt, es am Objekt jedoch wenig zu tun gibt und man aus Höflichkeit nicht die Beherrschung verlieren will.

- **Der Verschlossene**

Der Verschlossene stellt das genaue Gegenteil des zuvor erläuterten allzu gesprächigen Kollegen dar, kann jedoch in seiner Wirkung ähnlich sein. Der offensichtliche Unterschied liegt hier in der schweigsamen Verschlossenheit des Kollegen, die je nach persönlicher Vorliebe und Situation sowohl Fluch als auch Segen sein kann. Er spricht wenig und hält sich lieber im Hintergrund, was für einige angenehm, für andere jedoch belastend sein kann, da Kommunikation und Austausch oft fehlen.

- **Der Kollege mit mangelnden Deutschkenntnissen**

Dieser Kollege stammt aus dem Ausland und hat Schwierigkeiten, die deutsche Sprache richtig zu verstehen oder wiederzugeben. Auch wenn er möglicherweise der freundlichste und fähigste Mitarbeiter sein könnte, wird die sprachliche Barriere zu einem erheblichen Hindernis. Diese Sprachprobleme führen dazu, dass er mit vielen Situationen genauso überfordert ist wie seine Kollegen.

- **Der aus dem Firmenlabor stammende Kollege**

Dieser Kollege wirkt, als wäre er im hauseigenen Labor der Sicherheitsfirma herangezüchtet worden, um einzig und allein dem Wohl der Firma zu dienen. Ihm ist es egal, wie viele Stunden er arbeitet, wie weit er fahren muss oder wie viele Objekte er gleichzeitig betreut. Selbst wenn die Firma ihn um halb drei Uhr morgens anruft oder seinen längst überfälligen Urlaub nicht gewährt, bleibt er loyal und gehorsam. Jeder seiner Atemzüge und Herzschläge ist der Firma gewidmet, die er für die beste und tollste Sicherheitsfirma der Welt hält.

- **Der ängstliche Kollege**

Dieser Kollege wird bei jeder kleinen Unbedeutendheit sofort unruhig und hektisch. Er gerät in Panik bei der unrealistischen Sorge, dass etwas falsch laufen könnte, was oft zu unnötigem Stress führt. Selbst wenn objektiv betrachtet kein Grund zur Sorge besteht, verbreitet er durch seine Nervosität eine unangenehme Atmosphäre.

- **Der Stundengeier**

Der Stundengeier ist ständig auf der Jagd nach mehr Stunden und scheint nie genug davon zu bekommen. Es ist schwer nachvollziehbar, wie jemand bereit sein kann, monatlich fast 300 Stunden seiner Lebenszeit für 2.000 bis 3.300 Euro netto zu opfern. Obwohl es verständlich ist, mehr Geld verdienen zu wollen, stellt sich die Frage nach der Lebensqualität. Ein positiver Aspekt ist jedoch, dass man von diesen Kollegen oft eigene Stunden loswerden kann, wenn man zu viele hat.

- **Der ständig Unzufriedene**

Dieser Kollege hat immer etwas zu nörgeln, sei es über den Arbeitgeber, den Objektleiter, den Kunden oder das Objekt selbst. Er äußert seine Unzufriedenheit lautstark und impulsiv, egal ob es seine Kollegen oder externe Mitarbeiter hören wollen oder nicht. Solche Kollegen halten sich meist nicht lange an einem Objekt, bevor sie entweder vom Kunden oder dem Objektleiter als unerwünscht erklärt werden.

- **Der Drückeberger**

Dieser Kollege versucht, sich mit allen möglichen Ausreden vor der Arbeit zu drücken. Ob es um seinen eigenen Anteil, die Unterstützung der

Kollegen oder unerwartete Mehrarbeit geht, er übernimmt selten zusätzliche Stunden und meidet Verantwortung. Ein positiver Nebeneffekt ist jedoch, dass man bei ihnen oft Schichten abgeben kann, wenn man selbst zu viele Stunden hat.

- **Der Selbstbewusste**

Dieser Kollege ist völlig unbeeindruckt davon, ob sein Gegenüber ein Hausmeister oder der Kaiser von China ist. Er macht stets das, was er für richtig hält, ohne mögliche Konsequenzen zu fürchten. Mitarbeiter mit schwachem Selbstbewusstsein empfinden ihn oft als arrogant und selbstverliebt, doch für viele kann seine unerschütterliche Selbstsicherheit inspirierend sein. Leider führt seine unberechenbare Herangehensweise oft dazu, dass er plötzlich nicht mehr am Objekt erwünscht ist.

- **Der Ja-Sager**

Dieser Kollege kann einfach nicht **„Nein"** sagen. Er übernimmt zusätzliche Schichten, verzichtet auf freie Tage und Urlaub, und ärgert sich im Nachhinein jedes Mal darüber. Trotz ihrer ständigen Hilfsbereitschaft werden diese Kollegen oft nicht ausreichend wertgeschätzt

und leiden unter den Konsequenzen ihrer
Selbstaufopferung.

- **Der vollkommen Verrückte**

Dieser Kollege ist buchstäblich verrückt und
macht Dinge, die kein halbwegs klar denkender
Mensch tun würde. Ob er mit dem Dienstwagen
auf Versuchsfelder fährt und diese ruiniert oder
mitten im Dienst lautstark Saxophon spielt, sein
Verhalten ist oft nur durch Drogen- oder
Medikamentenmissbrauch erklärbar.

- **Papas Liebling**

Dieser Kollege pflegt ein über das normale
Arbeitsverhältnis hinausgehendes Verhältnis
zum Objektleiter oder anderen Vorgesetzten.
Meist ist es eine einseitige oder parasitäre
Beziehung, in der der Vorgesetzte seinen
arschleckenden Lemming nutzt und dafür
gelegentlich belohnt. Dieser Kollege bekommt
hin und wieder das Köpfchen gekrault, wenn
er etwas gut gemacht hat.

- **Der Routinierte**

Nach einigen Jahren im Dienst hat dieser
Kollege ein Arsenal an defensiven Maßnahmen
entwickelt, um Ärger und Arbeit erfolgreich

aus dem Weg zu gehen. Er kann viele Aufgaben geistesabwesend bewältigen, ohne dabei negativ aufzufallen. Er hat gelernt, sich die Arbeit so angenehm wie möglich zu gestalten und unnötigen Stress zu vermeiden.

- **Der Oberpförtner***

Dieser Kollege hat nach etlichen Dienstjahren die höchste Stufe des Pförtnertums erreicht und besitzt die wertvolle Gabe des **„Sharingan"**. Er kann während seiner gesamten Dienstzeit geistig abwesend sein und dennoch die Illusion aufrechterhalten, ein guter und produktiver Mitarbeiter zu sein. Durch seine jahrelange Erfahrung kann er mit fast allen Situationen gelassen umgehen und überall problemlos schlafen.

- **Der Teilzeitler bzw. Rentner**

Dieser Kollege hat einen einzigartigen Blick auf das Gesamtbild der Branche. Da er nur einen Nebenverdienst anstrebt, ist er nicht vollständig auf den Job angewiesen. Diese Kollegen sind tiefenentspannt, lassen sich nichts gefallen und können über den alltäglichen Wahnsinn oft nur den Kopf schütteln.

Mein Abschließendes Fazit aus heutiger Sicht nach mehr als 16 Jahren Dienstzeit

Die gesamte Sicherheitsbranche
hat sich in meinen Augen zu einem reinen Dienstleistungssektor entwickelt, in dem Sicherheitsunternehmen nahezu alles Erdenkliche ihren Mitarbeitern aufbürden, nur um neue Kunden zu gewinnen.

Dabei sind echte Sicherheitsaspekte an den meisten Standorten seitens der Kunden überhaupt nicht mehr erwünscht. Stattdessen soll alles so kostengünstig wie möglich sein. Der alleinige Fokus liegt darauf, Anforderungen der Versicherung zu erfüllen, um erhebliche Kosten einzusparen.

Wir Sicherheitsmitarbeiter spielen in diesem System oft nur die Rolle eines „notwendigen Übels" aus Sicht des Kunden. Gleichzeitig dienen wir als bequeme Sündenböcke, wenn intern etwas schiefgeht. Die Verantwortung für Missgeschicke oder Versäumnisse wird schnell auf uns abgewälzt, obwohl wir lediglich die vorgegebenen Anweisungen befolgen.

Die Sicherheitsbranche kann zwar ein Auffangbecken oder sicherer Hafen für Menschen sein, die aufgrund gesundheitlicher Gründe ihren ursprünglichen Beruf nicht mehr ausüben können oder wollen und nun eine unkomplizierte Umschulung anstreben. Für Studenten, die sich nebenbei etwas dazuverdienen möchten, und verarmte Rentner, die vom Staat im Stich gelassen wurden, bietet sie ebenfalls eine Möglichkeit.

Auch Menschen mit körperlichen oder geistigen Einschränkungen, Außenseiter, Freaks und Nerds finden in unserer Branche oft einen Platz. Diese Vielfalt an Charakteren und Lebensläufen kann die Arbeit zwar interessanter machen, führt aber auch oft zu einem bunten Durcheinander. Selbst diejenigen, die nicht gut Deutsch sprechen, sind herzlich willkommen, was oft zu Kommunikationsproblemen und Missverständnissen führt, die den Arbeitsalltag nicht einfacher machen.

Solltest du dich jedoch zu keiner dieser genannten Kategorien zugehörig fühlen, verspreche mir bitte, dass du dich so weit wie möglich von allem, was mit diesem Berufszweig zu tun hat, fernhältst.

Dies ist kein Spiel und auch kein Spaß von mir. Ich meine es bitter ernst: Flieht, solange ihr könnt. Die Sicherheitsbranche wird eure Seelen verschlingen. Hier gibt es keine Anerkennung, keinen wirklichen Respekt, sondern nur endlose Schichten, fehlende Wertschätzung und das ständige Gefühl, austauschbar zu sein.

Zusammengefasst lässt sich sagen,
dass die Sicherheitsbranche oft mehr Opfer als Anerkennung fordert. Diejenigen, die sich hier wiederfinden, tun dies meist aus Mangel an besseren Alternativen. Wenn du die Wahl hast, überlege es dir gut und halte dich fern, solange du es noch kannst.

ENDE

Es war einmal, in einem kleinen, idyllischen Dorf namens Friedensruh, in dem die Menschen in perfekter Harmonie lebten. Sie ließen ihre Türen unverschlossen, ihre Wertsachen offen herumliegen und hatten keinen Bedarf an Alarmanlagen oder Sicherheitssystemen. Doch wie jede gute Geschichte beginnt auch diese mit einem kleinen Missgeschick, das alles veränderte.

Eines Tages beschloss der Dorftrottel **Hugo**, der dafür bekannt war, dass er nichts auf die Reihe bekam, sich nützlich zu machen. Er stolperte über eine Schaufel, die jemand liegen gelassen hatte, und fiel kopfüber in den Hühnerstall von Bauer Meier. Die Hühner, die das laute Poltern und Hugos Jammern nicht gewohnt waren, flatterten aufgeregt umher und verursachten ein riesiges Chaos. Bauer Meier, der das Spektakel beobachtete, kam zu dem Schluss, dass jemand den Hühnerstall sabotiert hatte.

Nach einer hitzigen Dorfratssitzung, bei der Hugo mit tränenden Augen seine Unschuld beteuerte, beschlossen die Dorfbewohner, dass sie jemanden brauchten, der nachts Wache hält. Und so wurde Hugo, der Tollpatsch, zum allerersten Nachtwächter ernannt. Ausgestattet mit einer rostigen Laterne und einer hölzernen Hellebarde begann Hugo seine nächtlichen Runden.

Er sang schief und lautstark ein improvisiertes Nachtwächterlied, das mehr als einmal die schlafenden Dorfbewohner aus ihren Betten riss.

Die Idee eines Nachtwächters verbreitete sich rasch, und bald wollten auch andere Dörfer und Städte ihre eigenen Hugos. Natürlich erkannte man schnell, dass man für diese „ehrenvolle" Aufgabe besser geeignete Personen brauchte. So entstanden die ersten „professionellen" Nachtwächter, die in peinlicher Weise versuchten, Hugos Erbe weiterzuführen. Sie patrouillierten durch die Straßen und schreckten mit ihren schrillen Rufen mehr die friedlichen Bürger als die vermeintlichen Übeltäter auf.

Im Laufe der Jahre entwickelte sich die Nachtwächterrolle weiter. Man stellte fest, dass es praktischer war, statt singender Nachtwächter einfach mechanische Uhren zu verwenden, die nur gelegentlich von einem unmotivierten Wächter bedient werden mussten. Diese **„watchman's noctuaries"** und **„labourer's regulators"** stellten sicher, dass die Wachen nicht einschliefen oder, Gott bewahre, ihre Arbeit tatsächlich ernst nahmen.

Im 20. Jahrhundert, als die Welt immer hektischer und die Menschen immer misstrauischer wurden, erkannten findige Unternehmer das immense Potenzial der Sicherheitsbranche. Sie gründeten private Sicherheitsfirmen und versprachen ihren Kunden ein Gefühl von Sicherheit und Geborgenheit – für den richtigen Preis, versteht sich.

Diese Firmen florierten, indem sie schlecht bezahlte, schlecht ausgebildete, aber stets uniformierte Sicherheitskräfte anwarben, die mit ihren ernsten Mienen und durchdringenden Blicken **die Illusion von Sicherheit** aufrechterhielten.

Die moderne Sicherheitsbranche, wie wir sie
heute kennen, ist eine faszinierende Mischung
aus hochkomplexen Überwachungssystemen
und menschlichen „Sicherheitskräften", die für
Mindestlohn endlose Nachtschichten schieben.
Sie sind die wahren Helden, die im Kampf gegen
die Gefahren des Alltags wie falsch geparkte Autos,
verlorene Schlüssel und gelegentlich bellende Hunde
an vorderster Front stehen.

So entwickelte sich die Sicherheitsbranche von Hugos
ungeschicktem Sturz in den Hühnerstall zu einem
weltweiten Geschäftsimperium. Und während die
Technologien immer fortschrittlicher werden und die
Wachleute immer professioneller erscheinen, bleibt
eines unverändert: Das Geschäft mit der Sicherheit
wird immer eine Spur von Hugo's improvisiertem
Nachtwächterlied und seinem unerschütterlichen
Glauben an seine eigene Unverzichtbarkeit in sich
tragen.